漢字

학부모님들의 뜨거운 사랑,
최고의 학습지로 보답하겠습니다!

기탄학습지를 사랑해 주시는 전국의 유·초등학생, 그리고 학부모님 여러분!

　그동안 기탄교육은 대한민국 모든 어린이들이 공평한 교육기회를 누릴 수 있도록, 저렴하면서도 최고의 학습효과를 거둘 수 있는 서점용 학습지를 개발·보급하여 왔습니다. 대표 브랜드 기탄수학을 비롯하여 기탄사고력수학, 기탄국어와 급수한자, 스텐퍼드영단어 등 기탄의 학습지들은 자녀교육에 관심이 높은 학부모님들께 꾸준한 인기를 얻었으며, 그 결과 기탄수학이 3년 연속 주요 일간지 학습지부문 히트상품에 선정되기도 했습니다. 또한 외국 교포, 외국에서 근무하는 외교관이나 상사주재원의 자녀, 이민이나 조기유학을 떠나는 학생들에게 기탄학습지는 꼭 챙겨야 하는 중요품목으로 자리잡게 되었습니다.

　기탄교육은 이러한 성원에 힘입어 교재에 대한 다양한 요구를 수렴하고, 교육의 시대적 변화에 능동적으로 대처한 신개념 학습지 기탄한글과 기탄영어를 개발하여 전국의 학부모님들로부터 뜨거운 찬사를 받고 있습니다. 특히 세계 최초로 채택한 4 in 1 시스템 제본은 뛰어난 학습 효과는 물론이고, 고객중심의 사고로 우리나라 교육출판 역사에 한 획을 그은 획기적인 발상으로 평가받고 있습니다.

　이번에 새로이 선보인 「기탄한자」 역시 어린이들과 학부모님의 기대에 부응하는 최고의 한자학습지라 자부합니다. 최근 한자능력검정시험에 응시하여 자격증을 따는 초등학생의 숫자가 기하급수적으로 증가하는 등 한자교육의 중요성이 높아지고 있습니다. 특히 어릴 때부터 한자를 익히면 중국어나 일본어를 습득하는데도 큰 도움이 될 뿐만 아니라 국어의 언어능력이 높아지고 학습효과가 증대된다는 많은 연구보고가 있습니다.

　'곡식은 농부의 발자국 소리를 듣고 자란다'는 말처럼 아이들 교육에서도 부모의 관심과 애정이 가장 큰 힘이요, 자양분입니다. 무조건 값비싼 사교육에 우리 아이들을 맡기기보다는 아이들 스스로 공부하는 힘을 길러줄 수 있도록 기초 교육만큼은 부모님께서 직접 챙겨 주십시오.
　앞으로도 저희 기탄교육은 항상 연구하고 노력하는 자세로 부모와 자녀가 함께 공부할 수 있는 좋은 교재를 개발하기 위해 모든 노력을 경주하겠습니다.

　기탄을 사랑하시는 전국의 모든 학부모님과 어린이 여러분께 진심으로 감사의 말씀을 드립니다.

(주) 기탄교육 임직원 일동

그림으로 익히고 놀이로 기억하는
〈입체 한자 학습프로그램〉

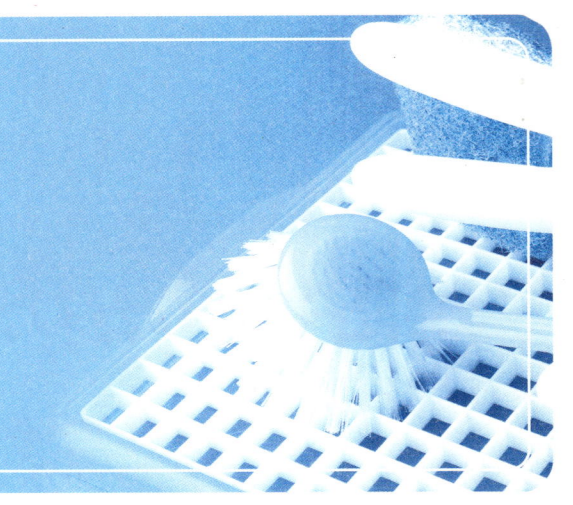

이미지 연상에 의한 그림 한자 학습

한자는 그림에서 출발한 문자입니다. 사물의 모양을 본떠서 점차 상징화된 표의문자(뜻글자)로 발전하여 오늘날 세계에서 가장 많은 수의 인구가 사용하는 문자가 되었습니다. 기탄한자는 아이들에게 한자를 그림의 일부로서 뜻을 기억하게 하고 사물의 모양에서 문자 요소를 각인하도록 하였습니다. 학습지업계 최초로 이미지 연상을 통한 그림 한자를 개발하여 아이들은 한자를 기호가 아닌 그림 덩어리로 받아들여 저절로 기억하게 됩니다.

자원변화 과정의 이해를 통한 원리 이해 학습

기탄한자는 무조건 쓰고 외우는 방식이 아니라 자원변화 과정의 이해를 통한 제자 원리를 이해하도록 합니다. 갑골문 – 금문 – 설문해자의 한자 변천 과정을 아이들의 눈으로 접해 보며 원리 이해에 의한 한자 학습을 진행합니다. 문자학계의 정설을 엄선하여 학문적으로 여러 번의 감수와 고증을 거친 한자 학습의 표본이 될 수 있는 한자 학습프로그램입니다.

학습 효과를 극대화하는 체계적인 학습 전개 방식

한 주의 학습 전개 방식은
복습 ➡ 도입 ➡ 전개 ➡ 활용 ➡ 정리 ➡ 상식 ➡ 놀이
학습의 순서로 전개됩니다.

복습 한 주 학습의 시작은 항상 지난 주에 학습했던 한자의 복습으로 출발합니다.

도입 재미있는 창작 동화를 통해 이번 주에 익힐 한자의 개념을 접하고 스티커 활동을 통해 흥미를 불러일으킵니다.

전개 각각 한자의 뜻과 소리와 모양 그리고 필순, 부수, 한자어 등을 익히게 됩니다.

활용 학습한 한자를 다양한 놀이 방법을 통하여 자연스럽게 좌뇌와 우뇌를 개발하는 이미지 학습법으로 한자 실력을 다져 나갑니다.

정리 앞서 익힌 3요소, 필순, 부수 등 한자의 가장 필수적인 내용을 마무리합니다.

상식 한자와 관련된 상식, 고사, 유래, 일화 등 여러 가지 흥미로운 이야기들을 엄마와 아이가 함께 읽어 나가면서 학습에 진정한 재미를 느낄 수 있습니다.

놀이 오리기, 접기, 만들기, 퍼즐 맞추기, 그림 그리기, 만화 등 아이의 오감을 이용할 수 있는 놀이 활동으로 한 주 학습을 마무리합니다.

아이들은 한자박사로,
엄마는 진정한 선생님으로 만들어 드립니다

아동의 좌우뇌 발달을 돕는 한자 학습

대뇌를 연구하는 학자들에 의하면 6세 이전에는 우뇌가 주로 발달하고 그 이후에는 좌뇌 발달이 이루어진다고 합니다. 우뇌는 이미지, 직관, 예술 등의 기능을 담당하고 좌뇌는 분석적, 논리적, 언어적인 역할을 담당합니다. 기탄한자만의 자랑인 그림 한자, 도트 연결 한자, 숨은 한자, 직관 한자 등 이미지 요소 학습을 통해 직관력과 통찰력을 키워 아이의 우뇌를 자극해 줍니다. 또, 뜻, 소리, 모양 분리하기, 규칙성 알기, 모눈한자 따라가기, 모양 추리하기, 한글·한자병기 학습은 아이의 좌뇌를 개발시켜 줍니다. 10세 미만의 아이라면 바로 기탄한자로 아이의 두뇌개발을 도와 주세요.

하나의 한자를 37회 연습하는 완전학습 프로그램

예를 들어 山(산/뫼 산)이라는 하나의 한자를 기탄한자 프로그램 내에서 총 37회의 학습 기회를 갖게 했습니다. 복습, 도입, 전개, 활용, 응용 등 다양한 학습의 장을 마련하여 아이들은 자신도 모르는 사이에 한자를 접하고 익히게 됩니다. 37회의 학습 기회는 한자를 완전학습으로 이끌어 주는 지름길이 됩니다.

다양한 놀잇감을 통한 입체적 놀이학습

기존의 주입식, 쓰기 일변도의 한자 학습법에서 벗어나 아이들의 오감을 자극하고 아이들이 학습의 주인공이 되는 부교재와 함께 학습합니다. 각 집(권)마다 한자 카드, 스티커는 물론, 한자어 카드와 모형 놀이, 창열기 놀이, 파노라마 놀이, 조각 한자 맞추기 놀이, 병풍 놀이, 브로마이드 등 패키지 학습물 수준의 놀잇감이 아이들의 학습을 재미로 이끌어 줍니다.

독립적인 복습호 운용과 학습 성취도 평가 시스템

4주마다 한 번씩 복습주를 편성하여 앞서 익힌 한자들을 기억하도록 구성하였습니다. 이미 학습한 한자를 시간의 흐름과 함께 잊어버리지 않도록 각 집(권)마다 1호씩 총복습의 기회를 갖게 합니다. 또, 복습호에서는 일정 기간 동안의 학습 성취도를 점검하는 형성평가를 구성하여 올바른 진도 진행을 도왔습니다. 엄마는 집(권)별 형성평가와 각 단계별 총괄평가를 통하여 우리 아이의 학습 상황을 점검하고 적절한 동기유발과 칭찬으로 진정한 엄마 선생님이 될 수 있습니다.

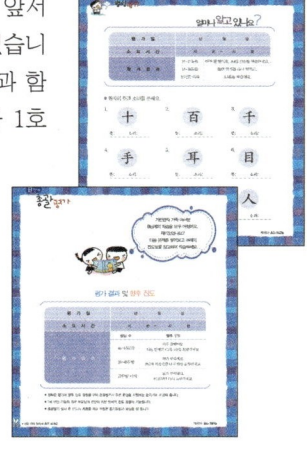

〈형성평가와 총괄평가〉

어렸을 때 배운 한자는 평생을 통해 활용됩니다
한자 학습의 중요성이 날로 높아지고 있습니다

● 한자 학습은 왜 필요할까요?

한자 학습은 이제 선택이 아닌 필수가 되었습니다. 우리의 언어 생활에 반드시 필요한 영역이라는 인식과 함께 한자가 지닌 학문적 전이성, 시대적 필요성 등이 재해석 되고 있기 때문입니다.

첫째, 우리말의 70% 이상이 한자어로 이루어졌기 때문에 기본적인 언어 생활에 도움을 줍니다. 곧 우리말을 바르게 이해하고 올바른 국어 생활을 하기 위해서는 한자를 아는 것이 필수적입니다.

둘째, 국어, 수학, 사회, 역사, 외국어 등 다른 학과 공부에 많은 도움을 줍니다. 예를 들어 수학을 공부할 때 분자(分子), 분모(分母), 분수(分數) 등 한자를 알고 있는 아이라면 수학의 개념도 훨씬 더 쉽고 정확하게 이해할 수 있습니다. 이렇게 한자는 타과목의 도구 교과적인 성격을 갖고 있습니다.

셋째, 어휘력과 이해력의 신장으로 문장 의미 파악이 쉬워져 책을 가까이 하는 아이로 만들어 줍니다. 한자는 조어력(造語力)과 의미 함축성이 매우 뛰어난 문자입니다. 이러한 이유로 전문서적이나 학술 용어 등은 한자로 표현되어 있습니다. 많은 양의 독서 경험은 곧 아이의 생각하는 힘과 창의력을 길러 줍니다.

넷째, 한자나 한문에는 선인들의 지혜와 윤리관이 배어 있어 바람직한 가치관과 예의범절을 배울 수 있습니다. 고전, 명문 속에 담긴 효행, 우애, 경로 등 사상적인 유산을 통해 바람직한 가치관을 가질 수 있고 나아가 사람이 해야 할 도리, 어른을 공경하는 자세, 학문을 배우는 자세 등도 익힐 수 있습니다.

● 한자 학습의 추세는 어떤가요?

한자 사용을 사대주의적 발상, 중국의 문자 차용이라고 보는 종전의 시각에서 벗어나 이제는 우리 언어의 일부라는 인식이 확대되어 초등학생부터 성인까지 한자 학습 열풍이 불고 있습니다.

첫째, 한자능력검정시험의 자격증이 국가 공인 자격증으로 인정됨에 따라 유아~성인에 이르기까지 한자 학습 붐이 일고 있습니다.

둘째, 21세기의 주역으로 한자 문화권이 급부상함에 따라 중국어, 일본어의 기초로서 한자 학습의 열기가 높아지고 있습니다. 한자는 세계인구의 1/4이 사용하고 있는 국제 문자로서 앞으로 그 중요성은 날로 높아질 것입니다.

셋째, 2005년부터 대학 수학 능력 시험 외국어 영역에 한문 과목이 추가되고 중·고등학교의 시험 출제 유형에서 논술 유형 출제 비중이 높아짐에 따라 한자 학습의 조기 교육이 일반화되어 가고 있는 상황입니다.

넷째, 대부분의 초등학교에서 재량시간으로 한자 학습을 시행하고 있습니다. 70년대 이후 한자 교육을 전혀 받지 못했던 부모님들과는 달리 현재 대부분의 초등학생들이 한자를 배우고 있습니다.

다섯째, 각종 공문서, 도로 표지판 등에 한자를 병기하는 국가 정책과 경제계, 교육계 등 각계의 한자 학습 요구에 대한 발표로 한자 학습의 중요성은 더욱 높아지고 있는 상황입니다.

한자 학습은 아이의 두뇌를 개발해 줍니다
한자 학습의 체계! 기탄한자가 잡아 줍니다

● 한자 학습의 효과는 무엇인가요?

▶ 한자는 그림에서 시작된 문자로서 구체적 이미지 자체가 곧 문자가 되었습니다. 이러한 시각적 이미지를 통한 학습은 곧 아동의 우뇌를 자극해 줍니다.

▶ 한자는 하나의 기초 개념에서 새로운 개념을 창출해 나갑니다. 이러한 과정을 통하여 아동의 창의력, 어휘력을 길러 줍니다.

▶ 한자는 저마다의 뜻, 소리, 모양을 각기 지닌 문자입니다. 이렇게 저마다의 뜻과 소리, 모양을 분석하는 연습을 통해 아동의 좌뇌 발달을 돕습니다.

▶ 한자는 부수와 몸이라는 수많은 부속품들의 조합으로 이루어진 문자입니다. 이러한 부속품들의 분리와 합체 과정을 통해 아이의 좌뇌를 발달하게 하고 논리력, 분석력을 키워 줍니다.

▶ 한자가 갖는 문자학적 특징은 조어력, 의미 함축성, 의미 명시성이 있습니다. 이미 만들어진 한자와 한자를 결합하여 새로운 단어를 만드는 조어력, 의미를 함축적으로 표현할 수 있는 의미 함축성, 의미가 바로 드러나는 의미 명시성이 있습니다.

한자 학습의 연구가 활발히 이루어지는 일본에서는 한자 학습의 시기가 빠를수록 좋다고 합니다. 그것은 우뇌 발달 시기인 6세 이전에 표의문자를 더 쉽게 받아들일 수 있으며, 초등학교 1학년 때가 가장 높은 효과를 보인다는 주장입니다. 그러므로 어른들의 관점으로 한자가 유아들에게 어렵다는 편견은 버려야 하며 한글을 어느 정도 읽을 수 있는 시기라면 한자 학습의 적기라고 할 수 있습니다.

● 기탄한자는 어떻게 구성되었나요?

▶ 기탄한자는 그림과 놀이로 시작하는 기초 한자 과정에서부터 고전명저의 명문장까지 한자 학습의 체계를 세우는 프로그램입니다. 중학교 교육용 한자 900자의 범위에서 기초한자(낱자)과정 ➡ 조어(교과서 한자어)과정 ➡ 문장(고전)과정의 학습까지 한자 학습의 체계를 세우는 학습목표로 개발되었습니다.

▶ 기초한자(낱자)과정(A단계~D단계)에서는 한자를 처음 시작하는 유아에서 한자 학습의 경험이 없는 초등학교 2학년생을 대상으로 상형자, 지사자 등 쉬운 개념의 기초한자 168자를 익히게 됩니다.
시각 이미지를 통한 그림한자의 각인과 다양한 부교재를 통한 놀이 학습으로 재미있게 학습하는 특성을 지니고 있습니다. 또, 최고의 일러스트와 세련된 디자인으로 아동의 정서적 심미감을 기를 수 있는 프로그램입니다. 기존의 한자 교재와는 차별화된 학습 효과를 얻을 수 있습니다.

▶ 조어(교과서 한자어)과정(E단계~G단계)에서는 총 90여권의 초등학교 교과서에 쓰인 모든 한자어를 사용 빈도와 한자 난이도에 따라 분석한 방대한 양의 데이터베이스를 갖추어 156자의 학습 한자와 530여 한자어를 선정하였습니다.

신출 한자와 이미 학습한 기출 한자를 조합하여 새로운 어휘를 만들어 내는 무궁무진한 조어(造語)의 원리를 아이가 스스로 깨달아 이해력과 어휘력이 높은 아이로 자라나게 해줍니다. 또 단편적인 한자 암기 학습에서 벗어나 국어, 수학, 사회, 과학 영역의 다양한 예문 학습과 창작 동화, 인물, 시, 신문, 고전이야기 등의 학습으로 학교 수업에 자신감을 길러 주고 나아가 어휘력, 사고력 향상으로 논술의 기초 능력까지 배양해 줍니다.

구성내용

A·B단계 교재별 구성내용은 이렇습니다

◆ 기탄한자 **A단계** 호별 학습 내용 및 부교재

집	호		학습 한자	학습 한자어	부교재
1집	1	1a ~ 12a	山, 川, 日	강산, 등산/ 하천, 산천/ 日기, 日월	한자 모형 놀이 한자 카드 한자어 카드
	2	13a ~ 24a	月, 火, 水	반월, 月급/ 火산, 火재/ 水영장, 水요일	
	3	25a ~ 36a	木, 金, 土	木수, 식木일/ 金구, 황金/ 국土, 土지	
	4	37a ~ 48a	복습+놀이 학습	복습	
2집	5	49a ~ 60a	一, 二, 三	一등, 통一/ 二층, 二학년/ 三각형, 三총사	한자 창열기 놀이 한자 카드 한자어 카드
	6	61a ~ 72a	四, 五, 六	四방, 四계절/ 五선지, 五월/ 六학년, 六반	
	7	73a ~ 84a	七, 八, 九	북두七성, 七면조/ 八도강산, 八방미인/ 九관조, 九구단	
	8	85a ~ 96a	복습+놀이 학습	복습	
3집	9	97a ~ 108a	十, 百, 千	十자가, 十월/ 百점, 百화점/ 千자문, 千리마	한자 파노라마 놀이 한자 카드 한자어 카드
	10	109a ~ 120a	耳, 目, 口	耳목, 耳비인후과/ 제目, 면目/ 식口, 출입口	
	11	121a ~ 132a	人, 手, 足	人간, 人형/ 手술, 선手/ 足구, 수足	
	12	133a ~ 144a	복습+놀이 학습	복습	
4집	13	145a ~ 156a	田, 石, 玉	유田, 대田/ 石공, 石굴암/ 백玉, 玉동자	한자 브로마이드 한자 카드
	14	157a ~ 168a	力, 大, 小	인力거, 풍力/ 大학생, 大가족/ 小아과, 小인국	
	15	169a ~ 180a	上, 中, 下	上의, 上행선/ 中국, 中심/ 下교, 下인	
	16	181a ~ 192a	복습+총괄 평가+놀이 학습	복습	

◆ 기탄한자 **B단계** 호별 학습 내용 및 부교재

집	호		학습 한자	학습 한자어	부교재
1집	1	1a ~ 12a	犬, 牛, 羊	충犬, 애犬/ 牛유, 牛마차/ 羊모, 백羊	한자 모형 놀이 한자 카드 한자어 카드
	2	13a ~ 24a	父, 母, 子	父모, 父자/ 母녀, 학부母/ 子녀, 여子	
	3	25a ~ 36a	生, 心, 身	生일, 선生/ 心신, 안心/ 身체, 身장	
	4	37a ~ 48a	복습+놀이 학습	복습	
2집	5	49a ~ 60a	車, 士, 己	車도, 자전車/ 군士, 박士/ 자己, 극己	한자 창열기 놀이 한자 카드 한자어 카드
	6	61a ~ 72a	自, 工, 門	自동차, 自연/ 목工, 工장/ 대門, 창門	
	7	73a ~ 84a	刀, 王, 白	단刀, 은장刀/ 王자, 국王/ 白지, 흑白	
	8	85a ~ 96a	복습+놀이 학습	복습	
3집	9	97a ~ 108a	魚, 貝, 鳥	인魚, 魚항/ 貝물, 貝총/ 백鳥, 길鳥	한자 파노라마 놀이 한자 카드 한자어 카드
	10	109a ~ 120a	主, 册, 雨	主인, 主객/ 册상, 공册/ 雨산, 雨의	
	11	121a ~ 132a	風, 里, 竹	風차, 강風/ 里장, 里정표/ 竹림, 竹도	
	12	133a ~ 144a	복습+놀이 학습	복습	
4집	13	145a ~ 156a	草, 花, 馬	약草, 草가/ 무궁花, 花원/ 경馬장, 馬부	한자 브로마이드 한자 카드
	14	157a ~ 168a	男, 女, 夕	男녀, 미男/ 소女, 선女/ 夕양, 추夕	
	15	169a ~ 180a	舌, 齒, 面	작舌차, 舌음/ 齒과, 충齒/ 가面, 수面	
	16	181a ~ 192a	복습+총괄 평가+놀이 학습	복습	

C·D단계 교재별 구성내용은 이렇습니다

◆ 기탄한자 C단계 호별 학습 내용 및 부교재

집	호		학습 한자	학습 한자어	부교재
1집	1	1a ~ 12a	文, 化, 言, 才	文人, 文身/ 化石, 문化/ 言어, 言論/ 다才, 천才	한자 맞추기 놀이 한자 카드 한자어 카드
	2	13a ~ 24a	兄, 弟, 交, 友	兄弟, 학부兄/ 의형弟, 弟子/ 交通, 외交/ 交友, 전友	
	3	25a ~ 36a	多, 少, 血, 肉	多情, 多少/ 少녀, 노少/ 심血, 血육/ 肉食, 肉신	
	4	37a ~ 48a	복습+놀이 학습	복습	
2집	5	49a ~ 60a	出, 入, 內, 外	出구, 出生/ 入구, 出入/ 국內, 차內/ 外국, 內外	한자 병풍 놀이 한자 카드 한자어 카드
	6	61a ~ 72a	去, 來, 立, 坐	去來, 과去/ 來일, 미來/ 自立, 立동/ 정坐	
	7	73a ~ 84a	光, 明, 行, 步	光명, 풍光/ 문明, 明월/ 산行, 行진/ 步병, 步행	
	8	85a ~ 96a	복습+놀이 학습	복습	
3집	9	97a ~ 108a	天, 地, 江, 河	天사, 天국/ 천地, 地구/ 江산, 江촌/ 河천, 은河수	한자 주사위 놀이 한자 카드 한자어 카드
	10	109a ~ 120a	毛, 皮, 角, 蟲	毛피, 양毛/ 목皮, 皮혁/ 녹角, 직角/ 초蟲, 해蟲	
	11	121a ~ 132a	古, 今, 衣, 食	古대, 古서/ 고今, 今일/ 우衣, 하衣/ 외食, 초食	
	12	133a ~ 144a	복습+놀이 학습	복습	
4집	13	145a ~ 156a	君, 臣, 兵, 卒	君주, 君신/ 臣하, 충臣/ 兵사, 兵력/ 卒병, 卒업	한자 브로마이드 한자 카드
	14	157a ~ 168a	方, 向, 左, 右	지方, 方향/ 풍向, 남向/ 左우, 左향左/ 右회전, 좌右명	
	15	169a ~ 180a	本, 末, 分, 合	근本, 本인/ 末일, 本末/ 分교, 分수/ 合창, 合심	
	16	181a ~ 192a	복습+총괄 평가+놀이 학습	복습	

◆ 기탄한자 D단계 호별 학습 내용 및 부교재

집	호		학습 한자	학습 한자어	부교재
1집	1	1a ~ 12a	靑, 赤, 音, 色	靑산, 靑년/ 赤색, 赤십자/ 音악, 音색/ 백色, 色지	한자 맞추기 놀이 한자 카드 한자어 카드
	2	13a ~ 24a	住, 所, 姓, 名	의식住, 住택/ 所감, 장所/ 姓명, 백姓/ 名작, 지名	
	3	25a ~ 36a	利, 用, 有, 無	利용, 예利/ 공用, 식用/ 有명, 소有/ 無인도, 無례	
	4	37a ~ 48a	복습+놀이 학습	복습	
2집	5	49a ~ 60a	公, 平, 意, 思	公공, 公무원/ 平화, 平야/ 意견, 동意/ 思고, 思상	한자 병풍 놀이 한자 카드 한자어 카드
	6	61a ~ 72a	老, 弱, 貧, 富	老인, 원老/ 弱세, 노弱/ 貧약, 貧혈/ 富귀, 富자	
	7	73a ~ 84a	正, 直, 忠, 孝	正직, 正답/ 直선, 直각/ 忠성, 忠언/ 孝도, 孝녀	
	8	85a ~ 96a	복습+놀이 학습	복습	
3집	9	97a ~ 108a	前, 後, 走, 止	역前, 오前/ 오後, 식後/ 활走로, 경走/ 止혈, 금止	한자 주사위 놀이 한자 카드 한자어 카드
	10	109a ~ 120a	法, 道, 完, 全	法률, 法원/ 道로, 道덕/ 完승, 完성/ 全국, 안全	
	11	121a ~ 132a	善, 惡, 長, 短	善악, 善행/ 惡마, 惡몽/ 長검, 사長/ 장短, 短명	
	12	133a ~ 144a	복습+놀이 학습	복습	
4집	13	145a ~ 156a	世, 界, 國, 家	世계, 출世/ 외界, 정界/ 國왕, 國어/ 家족, 작家	한자 브로마이드 한자 카드
	14	157a ~ 168a	東, 西, 見, 聞	東서남북, 東해/ 西구, 西부/ 발見, 見학/ 신聞, 풍聞	
	15	169a ~ 180a	南, 北, 兒, 童	南극, 南대문/ 北극, 北상/ 유兒, 兒동/ 목童, 童화	
	16	181a ~ 192a	복습+총괄 평가+놀이 학습	복습	

구성내용

E단계 교재별 구성내용은 이렇습니다

◆ 기탄교과서한자 E단계 호별 학습 내용 및 부교재

집	호		학습 한자	학습 한자어		심화 영역		부교재
1집	1	1a~16a	寸 京 品 市	寸 : 四寸, 外三寸, 四寸間 品 : 食品, 用品, 作品	京 : 上京, 京畿道, 京仁線 市 : 市内, 市場, 市立	창작동화	소중한 지폐 한 장 1	한자 카드 쓰기보따리 형성평가
						고사성어	水魚之交	
						시	사랑스런 추억 - 윤동주	
	2	17a~32a	巨 具 各 曲	巨 : 巨人, 巨大, 巨木 各 : 各各, 各自, 各國	具 : 家具, 道具, 用具 曲 : 作曲, 曲線, 行進曲	창작동화	소중한 지폐 한 장 2	
						고사성어	他山之石	
						시	봄 - 빅토르 위고	
	3	33a~48a	可 由 原 因	可 : 可能, 可決, 不可能 原 : 原子力, 原因, 草原	由 : 自由, 由來, 理由 因 : 原因, 因果, 要因	창작동화	슬기로운 재판 1	
						고사성어	見物生心	
						시	절정 - 이육사	
	4	49a~64a	복습	복습		창작동화	슬기로운 재판 2	
						고사성어	漁夫之利	
						시	동방의 등불 - 타고르	
2집	5	65a~80a	同 求 失 反	同 : 同生, 同行, 合同 失 : 失手, 失明, 失言	求 : 求心力, 要求, 求人 反 : 反面, 反省, 反共	창작동화	닭이 사람과 함께 살게 된 이유 1	한자 카드 쓰기보따리 형성평가
						고사성어	五十步百步	
						시	접동새 - 김소월	
	6	81a~96a	告 共 首 民	告 : 忠告, 原告, 告白 首 : 自首, 首弟子, 首相	共 : 共同, 公共, 共生 民 : 市民, 國民, 民心	창작동화	닭이 사람과 함께 살게 된 이유 2	
						고사성어	登龍門	
						시	눈 내린 아침 - 이인로	
	7	97a~112a	元 先 年 回	元 : 元日, 元金, 元來 年 : 少年, 青年, 一年	先 : 先生, 先山, 先王 回 : 一回用品, 河回, 回轉	창작동화	쇠를 먹는 쥐 1	
						고사성어	馬耳東風	
						시	눈 오는 저녁 - 김소월	
	8	113a~128a	복습	복습		창작동화	쇠를 먹는 쥐 2	
						고사성어	白眉	
						시	만돌이 - 윤동주	
3집	9	129a~144a	不 非 未 必	不 : 不足, 不公平, 不平 未 : 未安, 未來, 未完成	非 : 非行, 是非, 非常口 必 : 必要, 生必品, 不必要	창작동화	세 친구 1	한자 카드 쓰기보따리 형성평가
						고사성어	多多益善	
						시	삶이 그대를 속일지라도 - 푸슈킨	
	10	145a~160a	知 加 字 幸	知 : 知人, 知己, 告知 字 : 文字, 數字, 十字	加 : 加入, 加味, 加工 幸 : 多幸, 不幸, 幸福	창작동화	세 친구 2	
						고사성어	聞一知十	
						시	집 - 김영랑	
	11	161a~176a	表 形 味 香	表 : 表面, 表情, 表明 味 : 意味, 風味, 口味	形 : 人形, 三角形, 地形 香 : 香水, 香氣, 香	창작동화	꿀강아지 1	
						고사성어	知音	
						시	올벼 고개 숙이고 - 이현보	
	12	177a~192a	복습	복습		창작동화	꿀강아지 2	
						고사성어	竹馬故友	
						시	행복 - 한용운	
4집	13	193a~208a	星 軍 相 和	星 : 行星, 天王星, 北斗七星 相 : 首相, 人相, 色相	軍 : 軍人, 國軍, 軍士 和 : 平和, 和音, 共和國	창작동화	흰 코끼리의 전설	한자 카드 쓰기보따리 형성평가
						고사성어	千里眼	
						시	나그네의 밤 노래 - 괴테	
	14	209a~224a	單 別 命 祖	單 : 單元, 名單, 食單 命 : 生命, 人命, 命令	別 : 別名, 別世, 分別 祖 : 先祖, 祖上, 祖父母	창작동화	뱀이 기어 다니게 된 이유 1	
						고사성어	朝三暮四	
						시	말 없는 청산이오 - 성혼	
	15	225a~240a	居 章 異 再	居 : 住居, 居室, 同居 異 : 異常, 異意, 大同小異	章 : 文章, 圖章, 樂章 再 : 再生, 再活用, 再三	창작동화	뱀이 기어 다니게 된 이유 2	
						고사성어	一擧兩得	
						시	〈사랑〉을 사랑하여요 - 한용운	
	16	241a~256a	복습	복습		창작동화	뱀이 기어 다니게 된 이유 3	
						고사성어	溫故知新	
						시	삶의 아침인사 - 애너 리티셔 바볼드	

F단계 교재별 구성내용은 이렇습니다

◆ 기탄교과서한자 F단계 호별 학습 내용 및 부교재

집	호		학습 한자	학습 한자어		심화 영역		부교재
1집	1	1a~16a	仁 仙 信 休	仁 : 仁川, 仁祖, 仁君 信 : 信用, 自信, 信念	仙 : 仙女, 水仙花, 仙人 休 : 公休日, 休火山, 休息	창작동화	달밤에 얻은 행운 1	한자 카드 쓰기보따리 형성평가
						고사성어	天高馬肥	
						전래동화	빨간부채 파란부채	
	2	17a~32a	安 宅 官 容	安 : 未安, 安心, 安全 官 : 法官, 官家, 外交官	宅 : 住宅, 自宅, 宅地 容 : 容恕, 內容, 美容	창작동화	달밤에 얻은 행운 2	
						고사성어	大器晩成	
						전래동화	사만년을 산 사람	
	3	33a~48a	海 洋 漁 洗	海 : 地中海, 東海, 海外 漁 : 漁夫, 漁村, 出漁	洋 : 東洋, 西洋, 海洋 洗 : 洗手, 洗車, 洗面	창작동화	백일홍이야기 1	
						고사성어	孟母三遷	
						전래동화	소금을 만드는 맷돌	
	4	49a~64a	복습	복습		창작동화	백일홍이야기 2	
						고사성어	蛇足	
						전래동화	우렁각시	
2집	5	65a~80a	他 位 俗 保	他 : 他人, 他地, 自他 俗 : 民俗, 風俗, 世俗	位 : 方位, 品位, 單位 保 : 保全, 安保, 保有	창작동화	꾀 많은 장님 1	한자 카드 쓰기보따리 형성평가
						고사성어	梁上君子	
						전래동화	꼭두각시와 목도령	
	6	81a~96a	守 室 客 定	守 : 守則, 保守, 守兵 客 : 主客, 客室, 客地	室 : 室內, 居室, 王室 定 : 一定, 決定, 安定	창작동화	꾀 많은 장님 2	
						고사성어	良藥苦於口	
						전래동화	잊으라 한 건 안 잊고	
	7	97a~112a	林 村 材 校	林 : 山林, 國有林, 竹林 材 : 木材, 石材, 人材	村 : 山村, 漁村, 民俗村 校 : 下校, 校長, 校門	창작동화	바보 영웅 이야기 1	
						고사성어	座右銘	
						전래동화	반쪽이	
	8	113a~128a	복습	복습		창작동화	바보 영웅 이야기 2	
						고사성어	矛盾	
						전래동화	고양이와 푸른 구슬	
3집	9	129a~144a	決 洞 注 流	決 : 決定, 決心, 可決 注 : 注文, 注意, 注目	洞 : 洞口, 洞長, 仁寺洞 流 : 上流, 交流, 流行	창작동화	괴물 잡은 이발사	한자 카드 쓰기보따리 형성평가
						고사성어	同床異夢	
						전래동화	임자가 따로 있는 요술 궤짝	
	10	145a~160a	便 作 使 代	便 : 便利, 便安, 大便 使 : 使用, 天使, 使臣	作 : 作心三日, 作用, 作品 代 : 古代, 代表, 代身	창작동화	수수께끼 하나	
						고사성어	結草報恩	
						전래동화	배나무골 이도령	
	11	161a~176a	念 志 感 想	念 : 信念, 記念, 一念 感 : 共感, 自信感, 所感	志 : 意志, 同志, 志士 想 : 回想, 思想, 感想	창작동화	행운을 찾아다니는 사나이 1	
						고사성어	井中之蛙	
						전래동화	하늘 나라 밭 구경	
	12	177a~192a	복습	복습		창작동화	행운을 찾아다니는 사나이 2	
						고사성어	近墨者黑	
						전래동화	솜뭉치 꼬리가 된 토끼	
4집	13	193a~208a	計 記 語 詩	計 : 時計, 合計, 生計 語 : 用語, 國語, 言語	記 : 日記, 記入, 記念 詩 : 童詩, 詩人, 三行詩	창작동화	그림자 없는 탑 1	한자 카드 쓰기보따리 형성평가
						고사성어	有備無患	
						전래동화	은혜 깊은 까치	
	14	209a~224a	情 性 進 造	情 : 人情, 友情, 心情 進 : 行進, 進出, 先進國	性 : 性品, 性情, 女性 造 : 造成, 造形, 人造	창작동화	그림자 없는 탑 2	
						고사성어	走馬看山	
						전래동화	두 개가 된 금덩이	
	15	225a~240a	始 好 雲 雪	始 : 始作, 元始, 始祖 雲 : 星雲, 白雲, 靑雲	好 : 同好人, 好意, 好感 雪 : 白雪, 雪景, 雪山	창작동화	그림자 없는 탑 3	
						고사성어	螢雪之功	
						전래동화	구렁이 신랑	
	16	241a~256a	복습	복습		창작동화	그림자 없는 탑 4	
						고사성어	苦盡甘來	
						전래동화	바리공주	

구성내용

G단계 교재별 구성내용은 이렇습니다

◆ 기탄교과서한자 G단계 호별 학습 내용 및 부교재

집	호		학습 한자	학습 한자어	심화 영역		부교재
1집	1	1a~16a	果實夫婦美	果:成果, 果實, 靑果, 無花果 實:行實, 實力, 實生活, 口實 夫:工夫, 夫子, 夫人, 漁夫 婦:主婦, 夫婦, 婦人, 婦女子 美:美化員, 美國人, 美人, 美化	인물	마크 트웨인	한자 카드 쓰기보따리 형성평가
					창작동화	소가 골라준 새 신랑 1	
					고사성어	改過遷善	
					기사문	돈 더 버는 아내 집안일 더 한다	
	2	17a~32a	重要活動得	重:重要, 所重, 貴重, 重大 要:必要, 主要, 要求, 要所 活:活用, 生活, 活字, 活力 動:活動, 行動, 動力, 動作 得:所得, 利得, 得失	인물	어네스트 톰슨 시튼	
					창작동화	소가 골라준 새 신랑 2	
					고사성어	錦衣還鄕	
					기사문	컬러식품 좋아좋아	
	3	33a~48a	夜景成功者	夜:夜食, 白夜, 夜光, 夜行 景:風景, 光景, 山景, 雪景 成:成長, 作成, 合成, 完成 功:成功, 功臣, 年功, 功力 者:記者, 富者, 步行者, 老弱者	인물	에디슨	
					창작동화	소가 골라준 새 신랑 3	
					고사성어	管鮑之交	
					기사문	日 간사이 5색 체험관광	
	4	49a~64a	복습	복습	인물	퀴리부인	
					창작동화	소가 골라준 새 신랑 4	
					고사성어	刻舟求劍	
					기사문	재교육기관 노크 해보자	
2집	5	65a~80a	時間空氣集	時:日時, 時代, 同時, 時計 間:人間, 山間, 時間, 中間 空:空中, 空間, 空册, 空想 氣:空氣, 香氣, 日氣, 大氣 集:文集, 集中, 詩集, 集合	인물	장영실	한자 카드 쓰기보따리 형성평가
					창작동화	거짓말 시합 1	
					고사성어	刮目相對	
					기사문	귀성길 차 안에서 게임 한판	
	6	81a~96a	現在協商事	現:表現, 現金, 現地, 出現 在:現在, 所在, 在京, 在來 協:協同, 協力, 協心, 協定 商:商人, 商品, 商去來, 協商 事:人事, 行事, 工事, 記事	인물	록펠러	
					창작동화	거짓말 시합 2	
					고사성어	吳越同舟	
					기사문	폴크스바겐 노·사 대협상	
	7	97a~112a	社會技能部	社:社長, 會社, 社交, 入社 會:大會, 社會, 面會, 立會 技:長技, 技法, 技術, 技能 能:技能, 能力, 可能, 才能 部:部分, 一部分, 外部, 一部	인물	콜럼버스	
					창작동화	말 잘 듣는 효자 1	
					고사성어	羊頭狗肉	
					기사문	국가중대사 국민합의가 필요	
	8	113a~128a	복습	복습	인물	앙리 뒤낭	
					창작동화	말 잘 듣는 효자 2	
					고사성어	完璧	
					기사문	시동 걸면 주행정보 쫙~	
3집	9	129a~144a	問答登場省	問:問安, 問題, 反問 答:問答, 答信, 正答, 回答 登:登山, 登校, 登用 場:市場, 工場, 入場, 場面 省:反省, 自省, 省墓	인물	리스트	한자 카드 쓰기보따리 형성평가
					창작동화	냄새 맡은 값 1	
					고사성어	指鹿爲馬	
					기사문	침체의 잠에 취한 라인강의 기적	
	10	145a~160a	春夏秋冬溫	春:春川, 春香, 立春, 靑春 夏:立夏, 春夏, 夏至 秋:秋夕, 秋風, 春秋 冬:冬至, 立冬, 春夏秋冬 溫:氣溫, 溫室, 溫水	인물	김홍도	
					창작동화	냄새 맡은 값 2	
					고사성어	塞翁之馬	
					기사문	스키장 잘 넘어져야 안 다친다	
	11	161a~176a	貴愛病死敬	貴:貴重, 高貴, 富貴, 貴人 愛:友愛, 愛國, 愛人, 愛犬 病:問病, 白血病, 病室, 病名 死:生死, 死亡者, 不死身, 病死 敬:恭敬, 敬老, 敬老席, 敬語	인물	안중근	
					창작동화	아버지의 유서 1	
					고사성어	難兄難弟	
					기사문	은행나무 천국 부석사 가는길	
	12	177a~192a	복습	복습	인물	황희	
					창작동화	아버지의 유서 2	
					고사성어	四面楚歌	
					기사문	서울과 워싱턴 마음을 열 때다	
4집	13	193a~208a	物件發電書	物:古物, 文物, 人物 件:物件, 事件, 用件 發:發生, 出發, 發明, 發見 電:電力, 電子, 電車, 電氣 書:文書, 古書, 書名	인물	벤자민 프랭클린	한자 카드 쓰기보따리 형성평가
					창작동화	선행과 쾌락 1	
					고사성어	三顧草廬	
					기사문	대한민국은 배달천국	
	14	209a~224a	高低苦樂朝	高:高音, 高溫, 高貴, 高見 低:低溫, 低下, 低利, 低學年 苦:苦生, 苦心, 苦行 樂:音樂, 安樂, 樂山 朝:王朝, 朝夕, 朝會	인물	루소	
					창작동화	선행과 쾌락 2	
					고사성어	脣亡齒寒	
					기사문	중소기업 그곳에도 길이 있다	
	15	225a~240a	眞理學習賞	眞:眞情, 眞空, 眞心 理:心理, 原理, 眞理, 一理 學:學年, 學生, 入學, 見學 習:學習, 風習, 自習 賞:賞品, 孝行賞, 大賞, 賞金	인물	전봉준	
					창작동화	아가씨와 우유 1	
					고사성어	守株待兎	
					기사문	들리지! 눈 쌓은 숲 생명의 소리	
	16	241a~256a	복습	복습	인물	뢴트겐	
					창작동화	아가씨와 우유 2	
					고사성어	臥薪嘗膽	
					기사문	물건값 계산 … 약도 그리기 …	

학부모 여러분, <기탄한자>는 이렇게 지도해 주세요

1. 학습자의 능력보다 낮은 단계에서 시작하세요.

기탄한자 A~G단계는 기초 한자부터 초등학교 교과서에 쓰인 한자어를 학습하는 프로그램입니다. 한글을 아는 유아에서부터 한자 학습의 경험이 있는 초등학교 6학년 학생을 대상으로 개발되었습니다. 그러나 한자 학습의 경험이 있는 아이라도, 학습자의 경험이나 능력보다 낮은 단계에서 시작하는 것이 바람직합니다. 특히 각 단계의 1집부터 순차적으로 학습해 나가는 것은 매우 중요합니다. 간혹 학부모님의 판단에 따라 단계의 생략은 가능하지만 2, 3집부터 시작하는 것은 옳지 않은 진도 진행입니다. 아이가 학습에 부담을 느끼지 않고 한자 공부는 쉽고 재미있다는 느낌을 가질 수 있도록 A단계 1집에서부터 시작하는 것이 가장 이상적인 출발점입니다.

2. 복습호는 반드시 부모님이 함께 해 주세요.

각 집(권)마다 앞서 배운 한자의 복습호가 구성되어 있습니다. 복습호에서는 항상 형성평가를 실시하여 학습 수용도를 점검합니다. 이 때 부모님이 반드시 채점을 해 주시고, 결과에 따라 적절한 칭찬과 동기유발이 필요합니다. 또 복습주마다 구성된 놀잇감(A~D단계)으로 아이와 함께 놀아 주세요.

3. 교재 구입 즉시 분책하여 사용하세요.

<기탄한자>는 구입 즉시 분책하여 사용할 수 있도록 매주 학습할 분량이 별도의 책으로 특수제본(4in1시스템)되어 있습니다. 보통 책은 1번 제본하는 것으로 끝나지만 <기탄한자>는 무려 5번의 제본 과정을 거쳐 제작되었습니다. 각 호가 끝날 때마다 새 책으로 공부하게 되므로 아이에게 성취감과 기대감을 갖게 하고 학습 효과도 극대화시켜 줍니다.

4. 매일 일정한 시간에 규칙적으로 학습하게 하세요.

하루 5~10분을 학습하더라도 규칙적으로 학습하는 것이 중요합니다. 1호 분량이 1주일(5일) 학습 분량이므로 한 번에 억지로 하지 않게 하고, 반대로 너무 많은 양을 한꺼번에 하는 것도 좋지 않습니다. 어렸을 때부터 조금씩 매일매일 공부하는 습관을 길러 주도록 합니다.

5. 부모님이 직접 지도해 주세요.

<기탄한자>는 교사 방문 학습지와는 달리 아이 스스로 공부하고 부모님이 체크하는 자율적인 학습 모델을 채택하고 있습니다. 따라서 타 학습지 회사에서는 지도교사에게만 제공하는 지도 지침을 해당 호에 상세히 실었습니다. 각 호의 첫 장에 실린 '이렇게 도와주세요', '이번 주 학습포인트'에서는 한 주 동안의 지도 요점이 기재되어 있고, 각 페이지의 하단에도 지도 요점, 주의 사항 등을 기재하였습니다. 학부모님들이 <기탄한자>의 기획의도, 학습목표, 지도방법 등을 쉽게 이해하고 아이들에게 가르치기 편하도록 최대한 배려하였습니다.

6. 이미 익힌 한자는 아이가 실생활 속에서 활용하게 하세요.

아이가 이미 익힌 한자는 실생활 속에서 최대한 많은 사용 기회를 갖게 해 줍니다. 알았던 한자도 오랫동안 사용하지 않으면 잊혀지게 됩니다. 학습된 한자를 신문, 책, 대중매체, 인쇄물 등을 활용하여 확인하게 하고 글을 쓸 때 알고 있는 한자로 표현해 볼 기회를 자주 갖도록 합니다.

단계별 학습 한자와 한자능력검정시험 급수 배정 안내

단계	학습 한자	급수 응시 가이드
A단계	• 8급 : 山, 日, 月, 火, 水, 木, 金, 土, 一, 二, 三, 四, 五, 六, 七, 八, 九, 十, 人, 大, 小, 中 • 7급 : 川, 百, 千, 口, 手, 足, 力, 上, 下 • 6급 · 6급II : 目, 石　• 5급 : 耳　• 4급II : 田, 玉	A단계에서는 상형자, 지사자 중심의 기초한자 36자를 익혔습니다. 이는 한자능력검정시험 배정한자 중 **8급, 7급 배정한자 31자**와 **상위급수 한자 5자**가 포함됩니다. 학습자의 학년, 나이, 학습수용도에 따라 **8급, 7급** 이내에서 응시용 수험서(기탄급수한자 빨리따기)로 준비한 후 자격증 취득에 도전해 보세요.
B단계	• 8급 : 父, 母, 生, 門, 王, 白, 女 • 7급 : 子, 心, 車, 自, 工, 主, 里, 草, 花, 男, 夕, 面 • 6급 · 6급II : 身, 風　• 5급 : 牛, 士, 己, 魚, 雨, 馬 • 4급II : 羊, 鳥, 竹, 齒　• 4급 : 犬, 册, 舌 • 3급II : 刀　• 3급 : 貝	B단계에서는 상형자, 지사자 중심의 기초한자 36자를 익혔습니다. 이는 A단계 학습 한자부터 누적하면 한자능력검정시험 배정한자 중 **8급, 7급 배정한자 50자**와 **상위급수 한자 22자**가 포함됩니다. 학습자의 학년, 나이, 학습수용도에 따라 **8급, 7급** 이내에서 응시용 수험서(기탄급수한자 빨리따기)로 준비한 후 자격증 취득에 도전해 보세요.
C단계	• 8급 : 兄, 弟, 外 • 7급 : 文, 少, 出, 入, 內, 來, 立, 天, 地, 江, 食, 方, 左, 右 • 6급 · 6급II : 言, 才, 交, 多, 光, 明, 行, 角, 古, 今, 衣, 向, 本, 分, 合 • 5급 : 化, 友, 去, 河, 臣, 兵, 卒, 末 • 4급II : 血, 肉, 步, 毛, 蟲　• 4급 : 君　• 3급II : 坐, 皮	C단계에서는 형성자, 회의자를 중심으로 48자의 기초한자를 익혔습니다. 이는 A단계 학습 한자부터 누적하면 한자능력검정시험 배정한자 중 **7급 배정한자 67자, 6급 · 6급II 배정한자 86자**와 **상위급수 한자 34자**를 익혔습니다. 학습자의 학년, 나이, 학습수용도에 따라 **7급, 6급 · 6급II** 이내에서 응시용 수험서(기탄급수한자 빨리따기)로 준비한 후 자격증 취득에 도전해 보세요.
D단계	• 8급 : 靑, 長, 國, 東, 西, 南, 北 • 7급 : 色, 住, 所, 姓, 名, 有, 平, 老, 正, 直, 孝, 前, 後, 道, 全, 世, 家 • 6급 · 6급II : 音, 利, 用, 公, 意, 弱, 短, 界, 聞, 童 • 5급 : 赤, 無, 思, 止, 法, 完, 善, 惡, 見, 兒 • 4급II : 貧, 富, 忠, 走	D단계에서는 형성자, 회의자를 중심으로 48자의 기초한자를 익혔습니다. 이는 A단계 학습 한자부터 누적하면 한자능력검정시험 배정한자 중 **7급 배정한자 91자, 6급 · 6급II 배정한자 120자**와 **상위급수 한자 48자**를 익혔습니다. 학습자의 학년, 나이, 학습수용도에 따라 **7급, 6급 · 6급II** 이내에서 응시용 수험서(기탄급수한자 빨리따기)로 준비한 후 자격증 취득에 도전해 보세요.
E단계	• 8급 : 寸, 民, 先, 年, 軍　• 7급 : 市, 同, 不, 字, 命, 祖 • 6급 · 6급II : 京, 各, 由, 失, 反, 共, 幸, 表, 形, 和, 別, 章 • 5급 : 品, 具, 曲, 可, 原, 因, 告, 首, 元, 必, 知, 加, 相, 再 • 4급II : 求, 回, 非, 未, 味, 香, 星, 單　• 4급 : 巨, 居, 異	E단계에서는 형성자, 회의자를 중심으로 48자의 필수한자를 익혔습니다. 이는 A단계 학습 한자부터 누적하면 한자능력검정시험 배정한자 중 **7급 배정한자 102자, 6급 · 6급II 배정한자 143자**와 **상위급수 한자 73자**를 익혔습니다. 학습자의 학년, 나이, 학습수용도에 따라 **6급 · 6급II, 5급** 이내에서 응시용 수험서(기탄급수한자 빨리따기)로 준비한 후 자격증 취득에 도전해 보세요.
F단계	• 8급 : 室, 校　• 7급 : 休, 安, 海, 林, 村, 洞, 便, 記, 語 • 6급 · 6급II : 信, 洋, 定, 注, 作, 使, 代, 感, 計, 始, 雪 • 5급 : 仙, 宅, 漁, 洗, 他, 位, 客, 材, 決, 流, 念, 情, 性, 雲 • 4급II : 官, 容, 俗, 保, 守, 志, 想, 詩, 進, 造, 好 • 4급 : 仁	F단계에서는 형성자, 회의자를 중심으로 48자의 필수한자를 익혔습니다. 이는 A단계 학습 한자부터 누적하면 한자능력검정시험 배정한자 중 **7급 배정한자 113자, 6급 · 6급II 배정한자 165자**와 **상위급수 한자 99자**를 익혔습니다. 학습자의 학년, 나이, 학습수용도에 따라 **6급 · 6급II, 5급** 이내에서 응시용 수험서(기탄급수한자 빨리따기)로 준비한 후 자격증 취득에 도전해 보세요.
G단계	• 8급 : 學 • 7급 : 夫, 重, 活, 動, 時, 間, 空, 氣, 事, 問, 答, 登, 場, 春, 夏, 秋, 冬, 物, 電 • 6급 · 6급II : 果, 美, 夜, 成, 功, 者, 集, 現, 在, 社, 會, 部, 省, 溫, 愛, 病, 死, 發, 書, 高, 苦, 樂, 朝, 理, 習 • 5급 : 實, 要, 景, 商, 技, 能, 貴, 敬, 件, 賞 • 4급II : 婦, 得, 協, 低, 眞	G단계에서는 형성자, 회의자를 중심으로 60자의 필수한자를 익혔습니다. 이는 A단계 학습 한자부터 누적하면 한자능력검정시험 배정한자 중 **7급 배정한자 133자, 6급 · 6급II 배정한자 210자**와 **상위급수 한자 114자**를 익혔습니다. 학습자의 학년, 나이, 학습수용도에 따라 **6급 · 6급II, 5급** 이내에서 응시용 수험서(기탄급수한자 빨리따기)로 준비한 후 자격증 취득에 도전해 보세요.

※ 이 표는 기탄한자 학습 후 한자능력검정시험 자격증 취득의 연계를 위한 지침입니다. 학습자의 학습경험이나 상태에 따라 개별적인 지침이 달라질 수 있습니다.

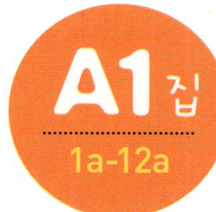

1 호

기탄한자 A단계 1집 1a~12a

4 in 1 시스템

기탄한자는 학습효과를 극대화하기 위해 매주 학습할 분량이 별도의 책으로 특수제본되어 있습니다.

본 교재는 1권의 책 속에 1주일 학습할 분량의 교재 4권이 들어 있는 4 in 1 시스템으로 제본되어 있습니다. 따라서 4권의 책으로 분리되는 것이 정상적인 제본이며, 호별로 빼내어 학습하시면 아주 효과적입니다.

그림으로 익히고 놀이로 기억하는 입체 한자 학습 프로그램

기탄®한자

A1집
1호
1a-12a

공부한 날   월   일 ~   월   일
             (원)교   반
이름   전화

www.gitan.co.kr

기초 탄탄한 교육 · 기초 탄탄한 학습
기탄교육

 **A단계**에서 배울 한자입니다.

A단계

| 1집 | 山, 川, 日
月, 火, 水
木, 金, 土
복습 | 2집 | 一, 二, 三
四, 五, 六
七, 八, 九
복습 | 3집 | 十, 百, 千
耳, 目, 口
人, 手, 足
복습 | 4집 | 田, 石, 玉
力, 大, 小
上, 中, 下
복습 |

※ 매주마다 학습한 한자를 누적하여 읽어 보세요.

학습진단관리표

	훈음 읽기	훈음 쓰기	한자 쓰기	한자어 읽기	이번 주는?
금주평가	Ⓐ 아주 잘함 Ⓑ 잘함 Ⓒ 보통 Ⓓ 노력해야 함	Ⓐ 아주 잘함 Ⓑ 잘함 Ⓒ 보통 Ⓓ 노력해야 함	Ⓐ 아주 잘함 Ⓑ 잘함 Ⓒ 보통 Ⓓ 노력해야 함	Ⓐ 아주 잘함 Ⓑ 잘함 Ⓒ 보통 Ⓓ 노력해야 함	● 학습방법 ❶ 매일매일 ❷ 가끔 ❸ 한꺼번에 하였습니다. ● 학습태도 ❶ 스스로 잘 ❷ 시켜서 억지로 하였습니다. ● 학습흥미 ❶ 재미있게 ❷ 싫증내며 하였습니다. ● 교재내용 ❶ 적합하다고 ❷ 어렵다고 ❸ 쉽다고 하였습니다.
	지도 교사가 부모님께				부모님이 지도 교사께

| 종합평가 | Ⓐ 아주 잘함 | Ⓑ 잘함 | Ⓒ 보통 | Ⓓ 노력해야 함 |

이번 주에는 山(산 산), 川(내 천), 日(날 일)을 배워요.

 1일차 1a~2b
- 캐릭터의 코너 소개를 읽어 보고, 한자 공부의 시작에 흥미를 갖도록 합니다.
- 한자 도입 동화를 읽고 산, 시내, 해의 개념을 이야기합니다.

 2일차 3a~5b
- 山, 川, 日의 뜻, 소리, 모양을 익힙니다.
- 한자의 3요소에 익숙하지 않은 시기이므로 훈, 음, 형이라는 용어보다는 뜻, 소리, 모양이라는 용어로 지도합니다.

 3일차 6a~7b
- 6b에서 정자체 한자와 그림 한자를 연결해 보고 한자의 뜻과 모양을 자연스럽게 기억하도록 지도합니다.
- 7세 미만의 운필력이 부족한 학습자는 쓰기를 강요하지 않습니다.

 4일차 8a~9b
- 9b에서는 위치에 따라 이루어지는 한자의 뜻과 소리를 직관적으로 떠올리도록 지도합니다.
- 어려워하는 학습자는 그림을 따라 선을 그려 보도록 합니다.

 5일차 10a~12a
- 山, 川, 日 학습을 마무리하고, 한자 보따리와 재미로 놀기를 통하여 흥미를 느끼게 지도합니다.
- 한자 카드는 고리에 끼워서 모아 두고 매일 잠깐씩 보여 줍니다.

안녕하세요.
여러분과 함께 재미있는 한자여행을
떠나게 되어 반가워요.
그럼, 먼저 우리가 함께 여행할
기탄한자를 구경해 볼까요?

지난 주에 학습한 한자를 **복습**하는 내용입니다.

이번 주에 **배울 내용**을 재미있는 동화 속에서 찾아보고,
흥미를 유발하는 곳입니다.

본격적인 **학습 내용**이 시작됩니다.
이번 주에 배울 한자의 **뜻, 소리, 모양, 한자어**를 익히는 내용입니다.

지금까지 공부한 한자의 내용을 **재미있는 방법을 이용**하여
실력을 쿵쿵 **다집**니다.

 **마무리하기** — 한자의 훈음 읽기, 훈음 쓰기, 한자 쓰기를 한 번 더 학습하여 이번 주 공부를 마무리 합니다.

 **漢字보따리** — 엄마와 함께 읽어 보는 한자와 관련된 정보, 지식을 얻을 수 있는 곳입니다.

 **재미로 놀기** — 재미있는 놀이로 한 주의 학습을 끝냅니다.

 **한 번 더!** — 3주 동안 익혀온 한자를 모두 모아 한 번 더 공부하는 내용입니다.

 **동화나라 한자여행** — 앞서 배운 한자를 동화 속 문장에서 이야기와 함께 익혀 봅니다.

 **형성평가** — 그동안 학습한 한자의 학습 성취도를 점검해 보고, 향후 진도를 계획합니다.

자! 그럼, 기탄한자로~ 출발!

들어가기

어떤 한자를 배울까요? 동화를 읽고 스티커를 붙여 알아보세요.

즐거운 일요일

오늘은 일(日)요일.
우리 가족은 산(山)으로 가요.

• 그림을 보고 산, 해, 시내의 개념을 먼저 이야기해 보세요. 사물의 개념을 먼저 알고 있는 경우 문자의 학습도 쉽게 이루어집니다.

해님(日)은 반짝반짝 산바람은 산들산들
시냇물(川)은 졸졸졸
우리 가족은 하하호호 즐거워요.

• 스티커를 붙이고 한자의 뜻과 소리를 이야기해 보도록 합니다.

山 알아보기

🔊 빈 곳에 알맞은 스티커를 붙이고 한자의 뜻과 소리를 읽어 보세요.

뜻: 산(뫼) 소리: 산

📖 山이 만들어진 유래를 알아보고 한자 스티커를 붙이세요.

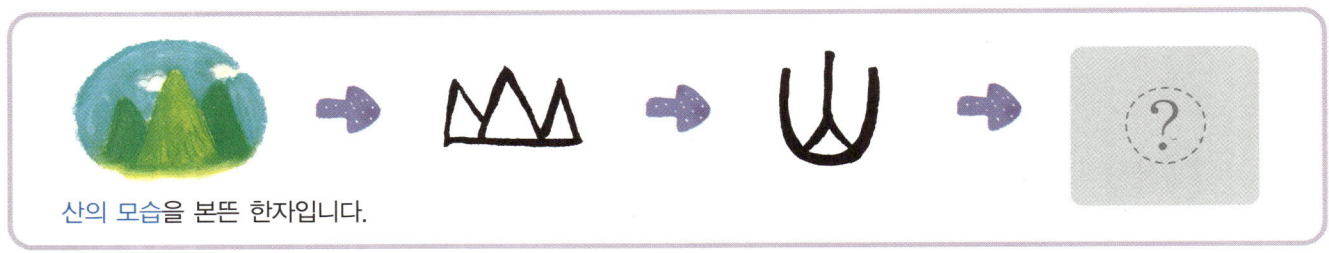

산의 모습을 본뜬 한자입니다.

✏️ 순서대로 써 보세요.

• '산/뫼' 라는 뜻과 '산' 이라는 소리를 분리하여 이해하도록 도와 주세요. 山은 '메, 뫼, 산' 의 뜻으로 쓰입니다. '메' 와 '뫼' 는 산의 옛말입니다.

🖊 알맞은 뜻, 소리, 모양을 찾아 ○하세요.

- 山의 뜻은 산(뫼) / 내 입니다.
- 山의 소리는 산 / 천 입니다.
- 산(뫼) 산의 모양은 川 / 山 입니다.

🖊 山이 쓰인 한자어를 찾아 ○하세요.

 강山
 하川
 日월
 등山

🖊 필순에 맞게 山을 써 보세요.

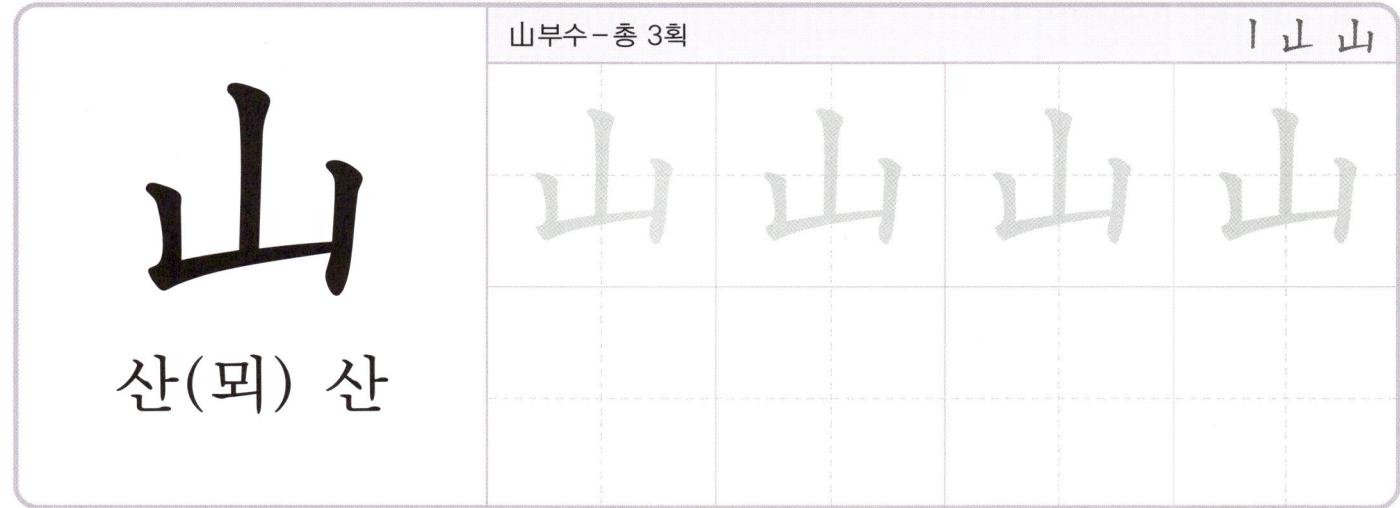

山부수 - 총 3획

山
산(뫼) 산

- 필순이나 부수는 나이가 어릴 경우 지나치게 강조하지 않습니다.

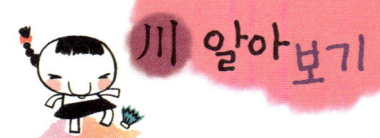

川 알아보기

🔊 빈 곳에 알맞은 스티커를 붙이고 한자의 뜻과 소리를 읽어 보세요.

뜻: 내   소리: 천

📖 川이 만들어진 유래를 알아보고 한자 스티커를 붙이세요.

하천이 구불구불하게 흘러가는 모습을 본뜬 한자입니다.

✏️ 순서대로 써 보세요.

• 시내 그림 스티커를 붙이는 활동에서 끝내지 말고 '내 천'을 말하도록 지도합니다.

- 알맞은 뜻, 소리, 모양을 찾아 ○하세요.

  - 川의 뜻은 내 산 입니다.
  - 川의 소리는 천 일 입니다.
  - 내 천의 모양은 日 川 입니다.

- 川이 쓰인 한자어를 찾아 ○하세요.

일기 · 하천 · 동산 · 산천

- 필순에 맞게 川을 써 보세요.

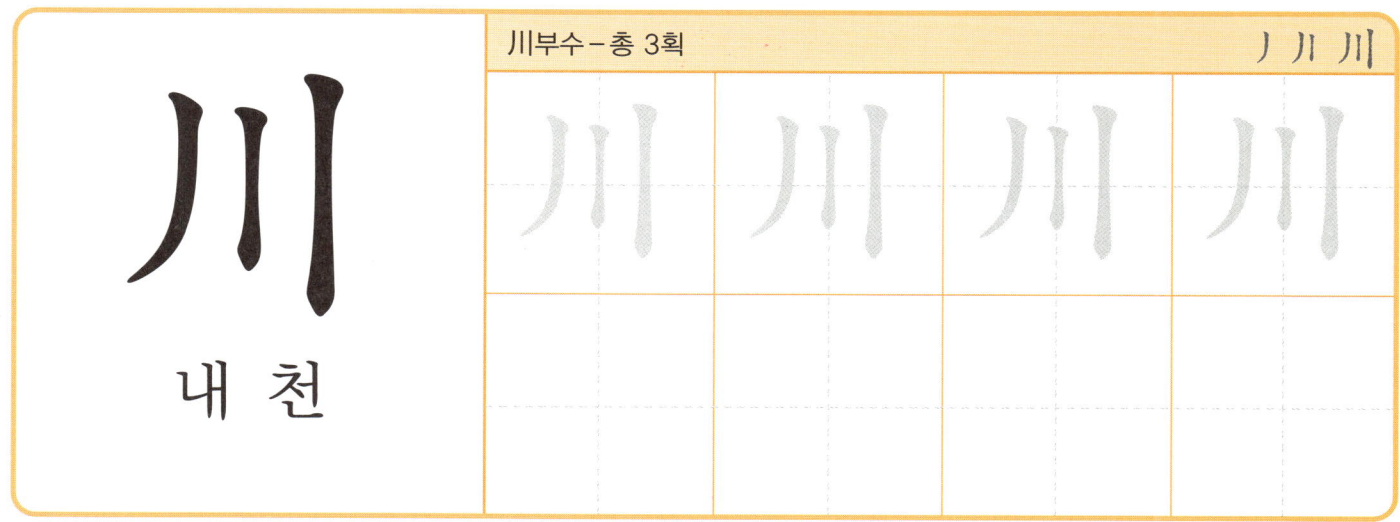

川부수 - 총 3획

川
내 천

- 한자의 3요소를 완전히 익히기 전에는 "뜻은 뭐니?" "소리는 뭐니?"하고 분리하여 질문합니다.

🔊 빈 곳에 알맞은 스티커를 붙이고 한자의 뜻과 소리를 읽어 보세요.

뜻 : 날(해)   소리 : 일

📖 日이 만들어진 유래를 알아보고 한자 스티커를 붙이세요.

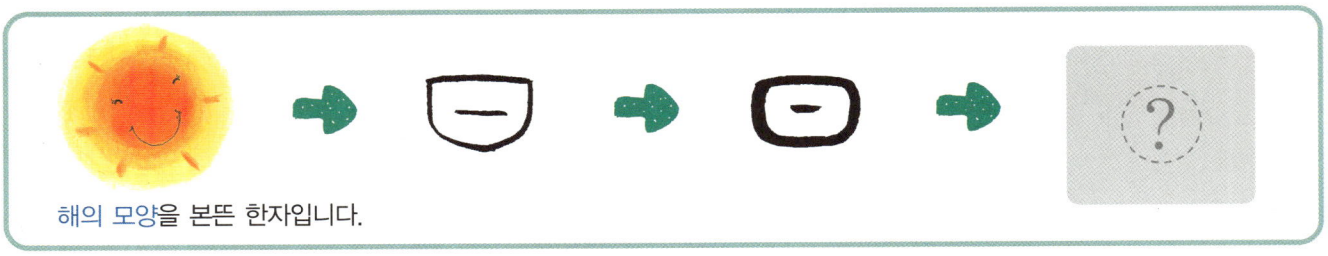

해의 모양을 본뜬 한자입니다.

✏️ 순서대로 써 보세요.

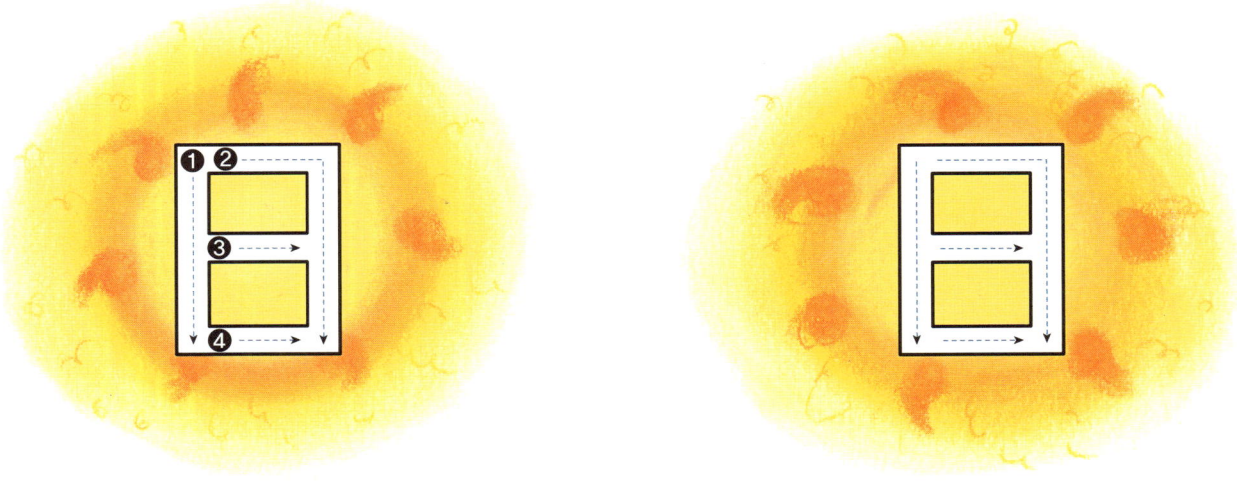

• 日의 자원 변화 과정을 따라 그리면서 한자의 모양을 익히면 더욱 효과적입니다.

● 알맞은 뜻, 소리, 모양을 찾아 ○하세요.

- 日의 뜻은 날(해) 산(뫼) 입니다.
- 日의 소리는 산 일 입니다.
- 날(해) 일의 모양은 日 山 입니다.

● 日이 쓰인 한자어를 찾아 ○하세요.

 日기  산川  日월  하川

● 필순에 맞게 日을 써 보세요.

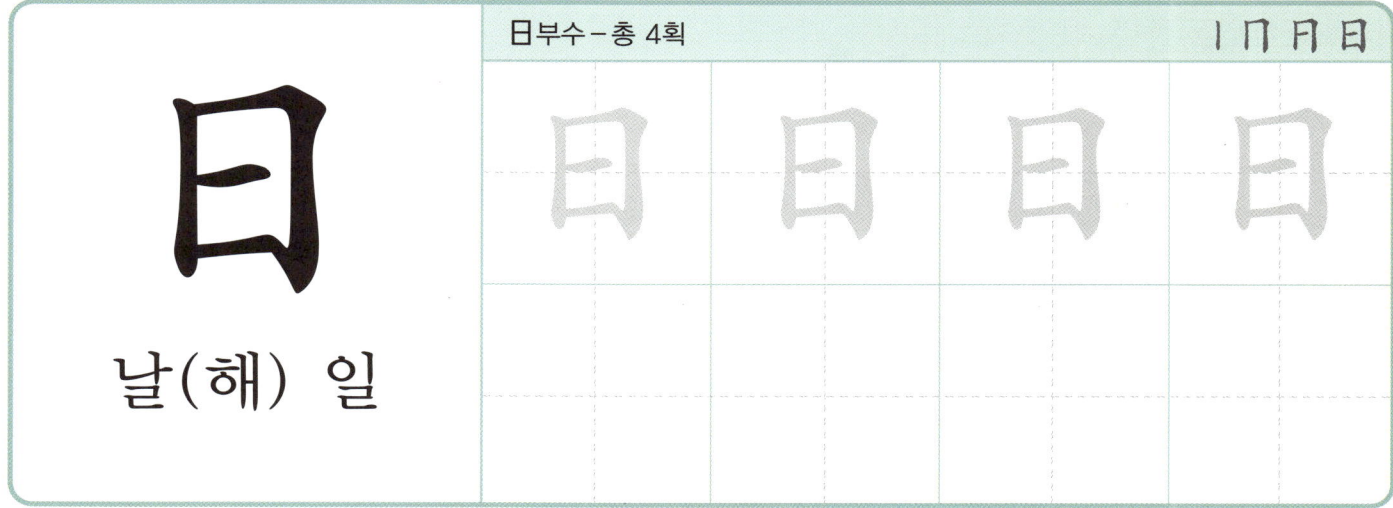

日부수-총 4획

日
날(해) 일

• '일기', '일월' 이외에 日이 들어가는 한자어도 말해 보게 합니다. (예: 요일, 일광욕, 일본, 내일…)

기탄한자 A1-5b

다지기

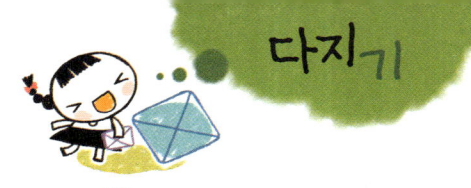

한자의 뜻과 소리를 바르게 찾아가세요.

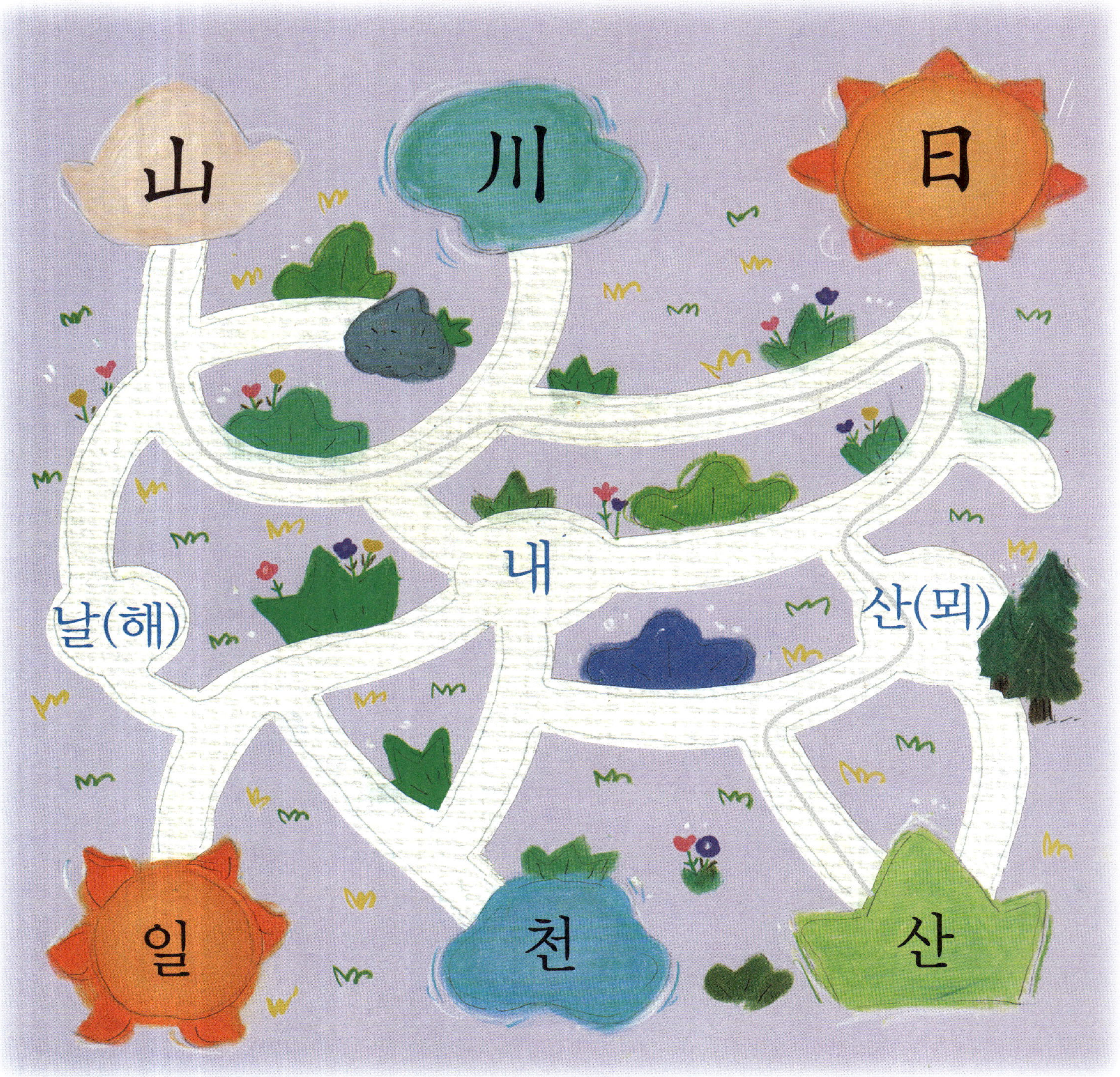

• 山, 川, 日의 뜻, 소리, 모양을 길찾기를 통해 재미있게 익힙니다.

📝 같은 한자끼리 연결하고 뜻과 소리를 쓰세요.

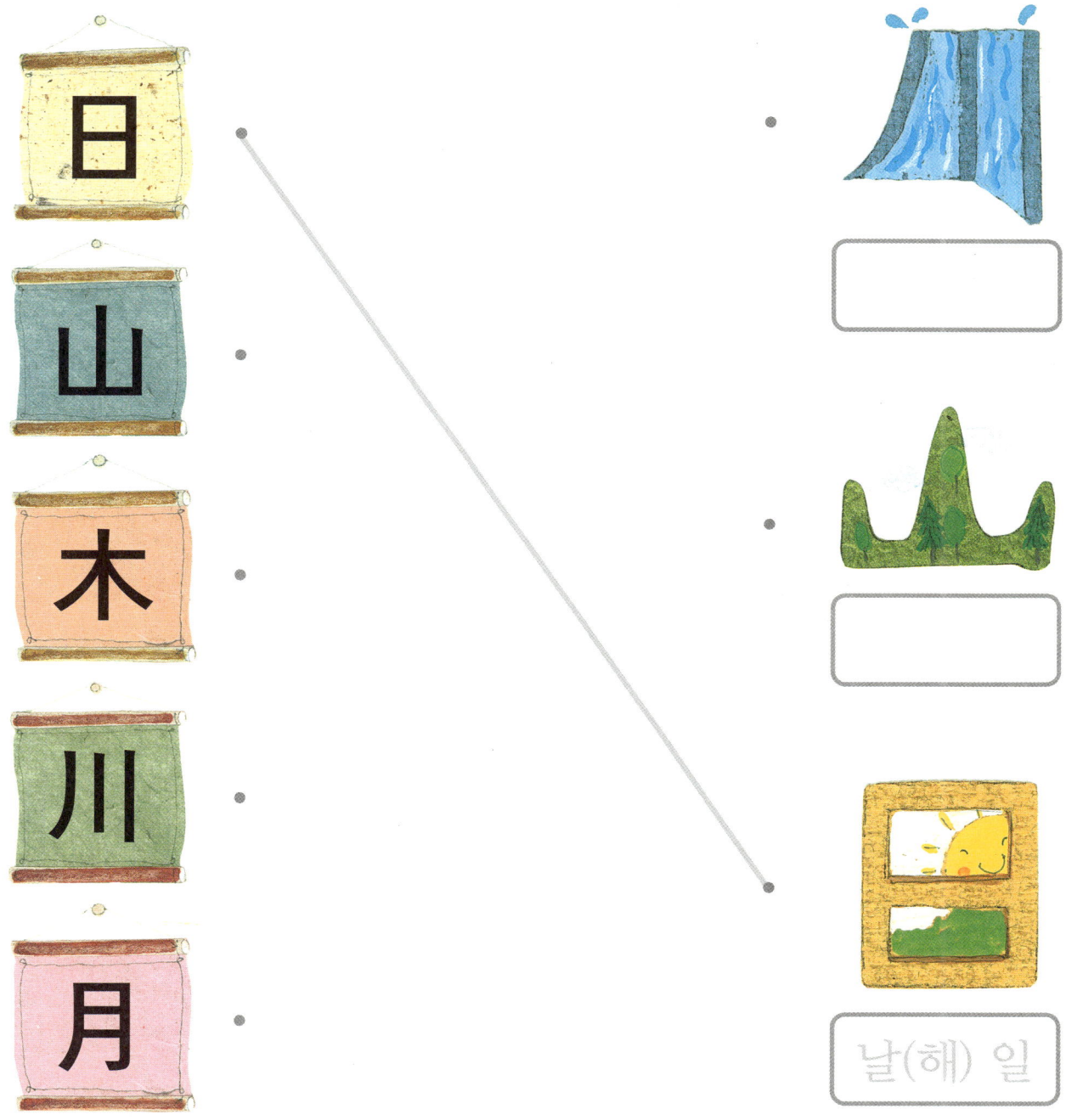

날(해) 일

✏️ 이번 주에 배운 한자가 숨어 있어요. 숨어 있는 한자를 찾아 아래에 쓰세요.

日		
뜻: 날(해) 소리: 일	뜻: 소리:	뜻: 소리:

• 한자 모양의 일부분을 보고 한자를 기억하는 연습을 합니다.

✏️ 빈 곳에 알맞은 스티커를 붙이고 한자를 쓰세요.

• 자원의 변화 과정을 보고 한자를 외우지 않고 이해하도록 합니다.

한자의 알맞은 뜻, 소리를 찾아 ○하세요.

| 川 | 산(뫼) 산 | (내 천) | 날(해) 일 |

| 山 | 산(뫼) 산 | 날(해) 일 | 내 천 |

| 日 | 산(뫼) 산 | 내 천 | 날(해) 일 |

• 아이가 직관적으로 찾지 못하는 경우 한자 카드를 이용해서 찾도록 합니다.

📎 〈보기〉의 한자를 찾아 ⭕ 하세요.

〈보기〉 산(뫼) 산   내 천   날(해) 일

• 그림 속의 한자를 찾고, 한자를 따라 써 보도록 합니다.

한자의 뜻, 소리, 모양이 바르게 쓰인 길을 찾아가세요.

• 한자의 3요소가 충분히 익혀진 경우 바르지 않은 곳을 옳게 고쳐 보도록 합니다. (예: 日 달 월 → 날(해) 일, 川 날 일 → 내 천)

🖍 🌳과 ☀가 이루는 한자의 뜻과 소리를 쓰세요.

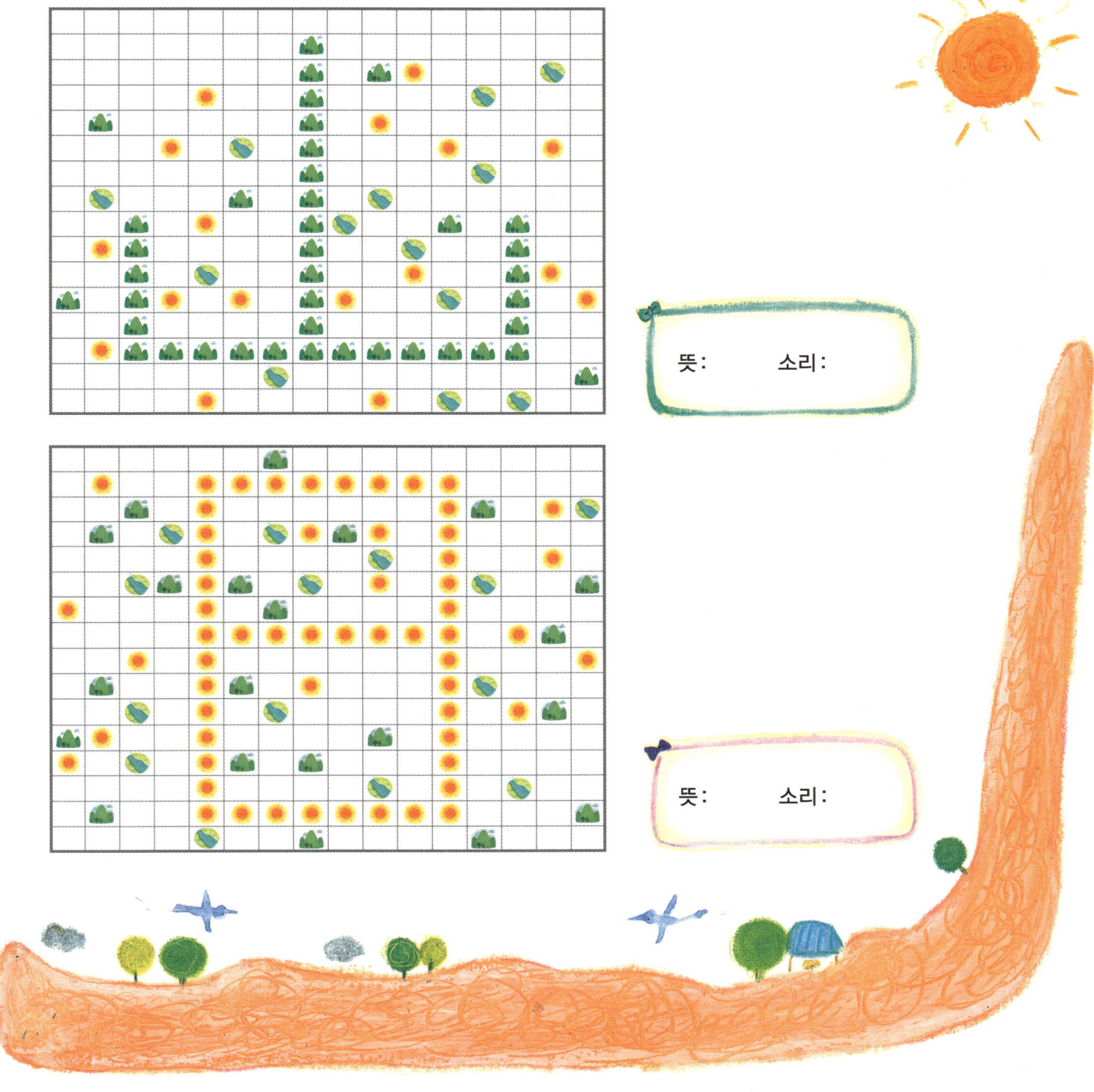

뜻: 소리:

뜻: 소리:

• 그림으로 조합된 한자를 보고 한자의 모양을 추리하여 뜻, 소리를 써 보도록 합니다. 어려워 하는 경우 그림을 따라 획을 그어 보세요.

마무리 하기

✎ 필순에 맞게 한자를 쓰세요.

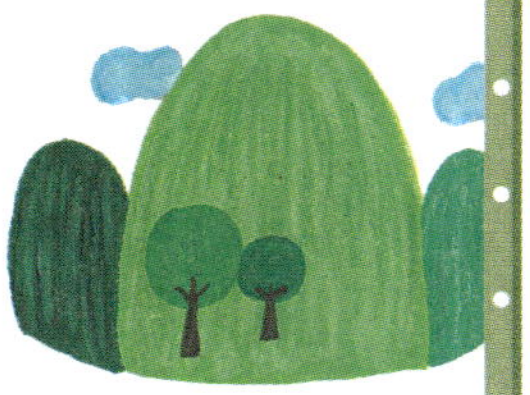

山

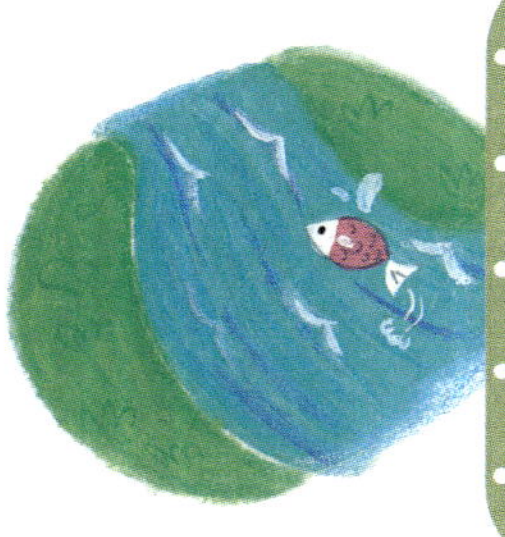

川

日

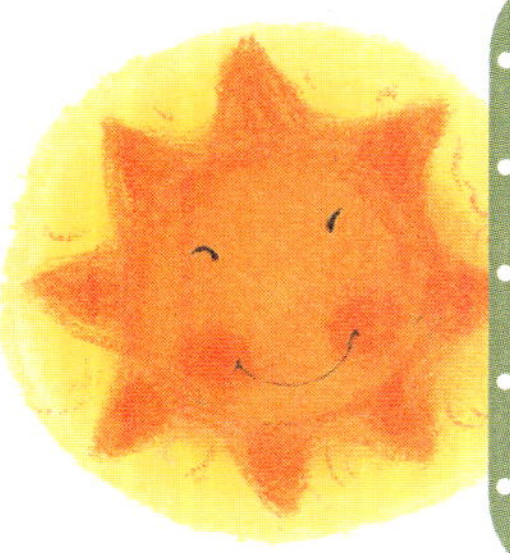

• 山, 川, 日을 필순에 맞게 써 보고 뜻과 소리를 정리합니다.

📝 빈 칸에 알맞게 쓰세요.

山	山			
산(뫼) 산	산(뫼) 산			

川				
내 천				

日				
날(해) 일				

• 한자 학습은 적당량의 쓰기 연습이 병행되어야 효과를 얻을 수 있습니다. 뜻, 소리, 모양을 반복해서 쓰면서 익힙니다.

한자의 탄생

한자 공부를 처음 시작해 보니 어떤가요? 재미있었나요?
한자는 결코 지루하고 재미 없는 공부만은 아니랍니다.
그럼 한자에 대해서 하나씩 알아보기로 할까요?

여러분이 공부하는 한자는 언제, 어떻게, 누가 만들었을까요?
옛 기록에 의하면 한자는 아득히 먼 옛날 창힐이라는 사관(중국의 역사를 기록하는 일을 맡은 관리)이 만들었다고 전해집니다. 창힐이 사관의 관직에 있었기 때문에 매우 관찰력이 뛰어났던지 새와 짐승의 발자국을 보고 힌트를 얻어 한자를 만들었다고 여러 가지 책에 기록되어 있습니다.
그래서 고대 중국인들이 창힐의 모습을 그려 놓은 것을 살펴보면 그의 눈을 네 개로 그려 놓은 그림이 있다고 합니다.
자기네 문자를 발명한 사람이니 좀더 신비하고 신과 같은 존재로서 높이 우러르는 마음에서 그렇게 그렸겠죠! 또 창힐이 한자를 만들었을 때 신이 그의 위대한 업적을 축하하여 조와 같은 곡식을 하늘에서 뿌렸다는 이야기도 전해집니다. 그러나 요즘에 와서는 한자가 이렇게 한 사람에 의해 순식간에 만들어졌다고 생각하지는 않습니다.
처음에는 그림에 가까운 표현 방식들이 수많은 사람들의 손을 거쳐 아주 오랜 세월 동안 변화하여 자리 잡아 온 것이 오늘날의 한자가 되었다고 합니다.

해답

A1집 1a-12a

2a

2b

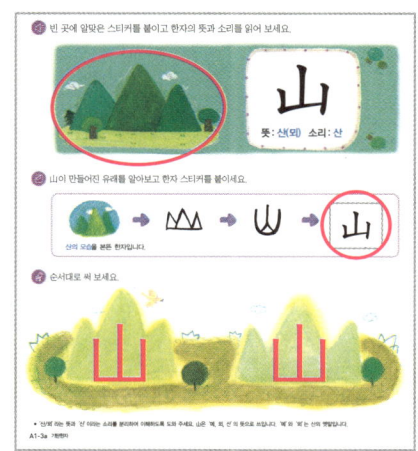
3a

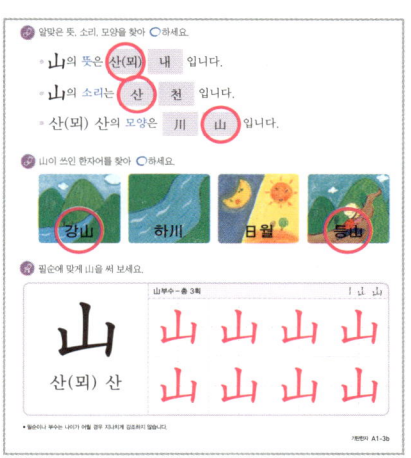
3b

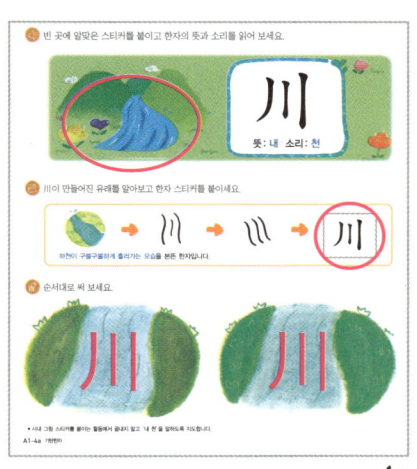
4a

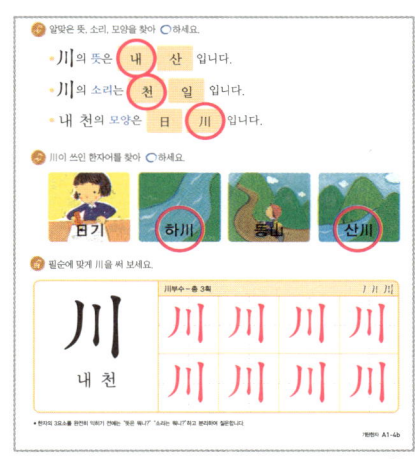
4b

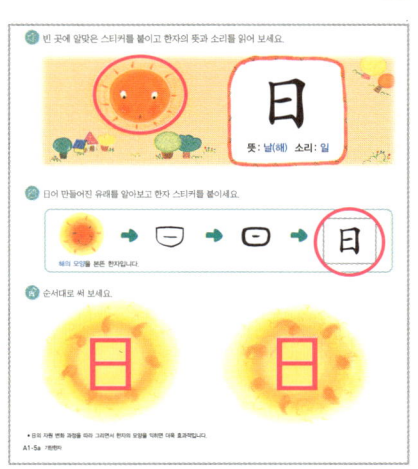
5a

5b

6a

기탄한자 A1-11b

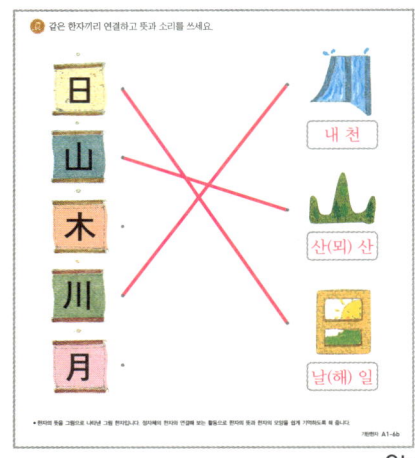

재미로 놀기

기탄한자 A1 집 1호 한자 카드

川
내 천

기탄한자 A1 집 1호

山
산(뫼) 산

기탄한자 A1 집 1호

山　산(뫼) 산
川　내 천
日　날(해) 일

기탄한자 A1 집 1호

日
날(해) 일

기탄한자 A1 집 1호

登山

山川

日記

登山

山川

日記

기탄한자 A1 집 1호 **한자어 카드**

산천
산과 내

山 : 산(뫼) 산   川 : 내 천

기탄한자 A1 집 1호

등산
산에 오름

登 : 오를 등   山 : 산(뫼) 산

기탄한자 A1 집 1호

 등산

 산천

 일기

기탄한자 A1 집 1호

일기
그날그날 겪은 일이나
감상 등을 적은
개인의 기록

日 : 날(해) 일   記 : 기록할 기

기탄한자 A1 집 1호

📝 어떤 한자일까요? 점선을 따라 접어서 만들어지는 한자의 뜻과 소리를 쓰세요.

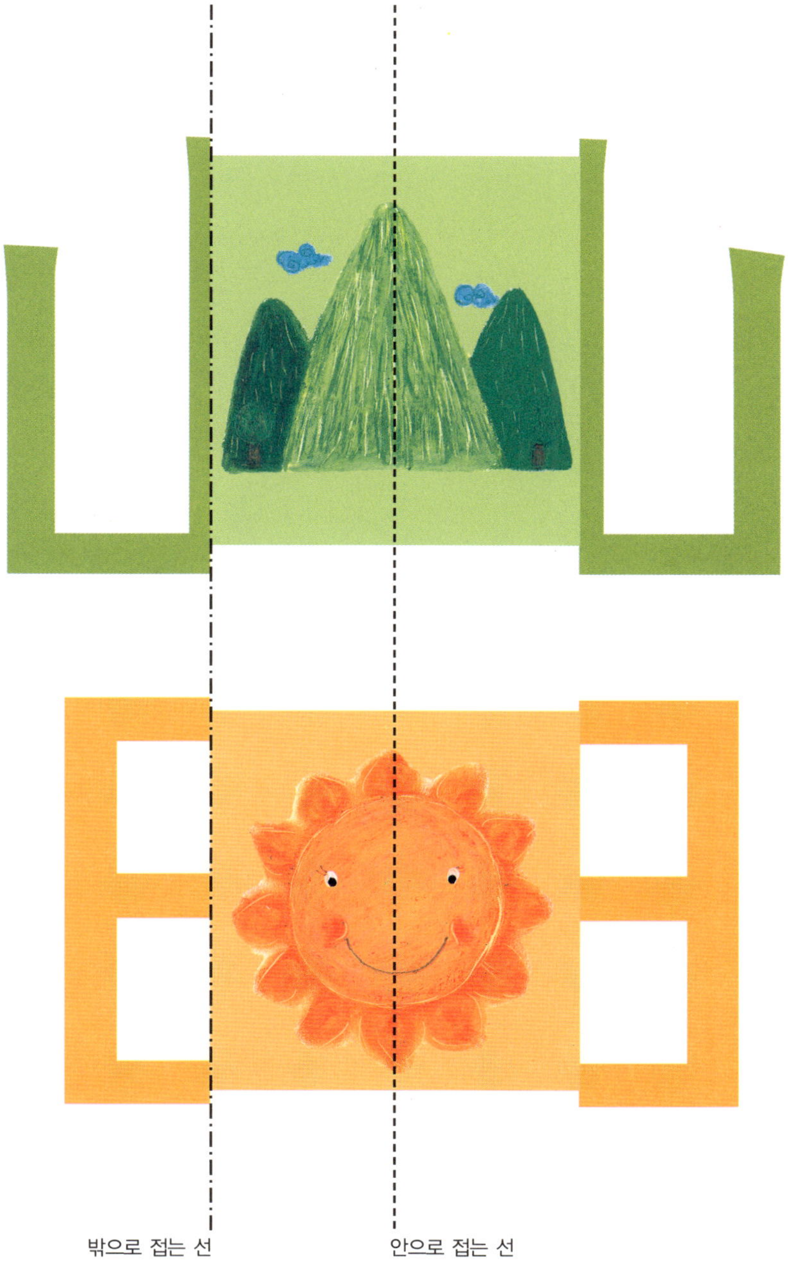

뜻: 소리:

뜻: 소리:

밖으로 접는 선   안으로 접는 선

펴낸이 : 정지향
펴낸곳 : (주)기탄교육
기획·편집·디자인 : 기탄교육연구소
주소 : 06698 서울특별시 서초구 효령로 40 기탄출판센터
등록 : 제2000-000098호
전화 : (02)586-1007
팩스 : (02)586-2337

※서점에 갈 시간이 없거나 구하기 어려운 분은 인터넷 또는 전화로 신청하세요. 즉시 우송해 드립니다.
● www.gitan.co.kr

ⓒ (주)기탄교육 All rights reserved.
저작권자의 동의 없이 본 교재를 무단으로 복제하거나 전재하는 것을 금합니다.

• 한자 카드 이렇게 놀아 주세요. ①

번갈아 말하기

한자는 소리글자인 한글과는 달리 뜻글자입니다. 각자 저마다의 뜻과 소리와 모양이 따로 있습니다. 어른들은 당연하다고 생각하지만 한자를 처음 접하는 아이들이 익숙해질 수 있도록 같이 놀아 주세요.

1 한자 카드를 모아서 엄마와 아이가 가위바위보를 해요.

2 이긴 사람이 뜻이나 소리를 먼저 말해요.

3 진 사람은 받아서 다른 요소를 이야기 해요.

• 준비물 – 한자 카드

1호에서 배운 한자를 다시 한번 써 보세요.

山 山 山 山 山 山
산(뫼) 산

川 川 川 川 川 川
내 천

日 日 日 日 日 日
날(해) 일

2호

기탄한자 A단계 1집 13a~24a

그림으로 익히고 놀이로 기억하는 입체 한자 학습 프로그램

기탄® 한자

A1집

2호

13a-24a

공부한 날	월	일 ~	월	일
		(원)교		반
이름		전화		

www.gitan.co.kr

기초 탄탄한 교육 · 기초 탄탄한 학습

기탄교육

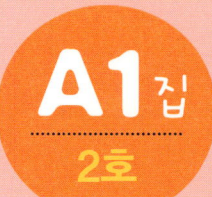

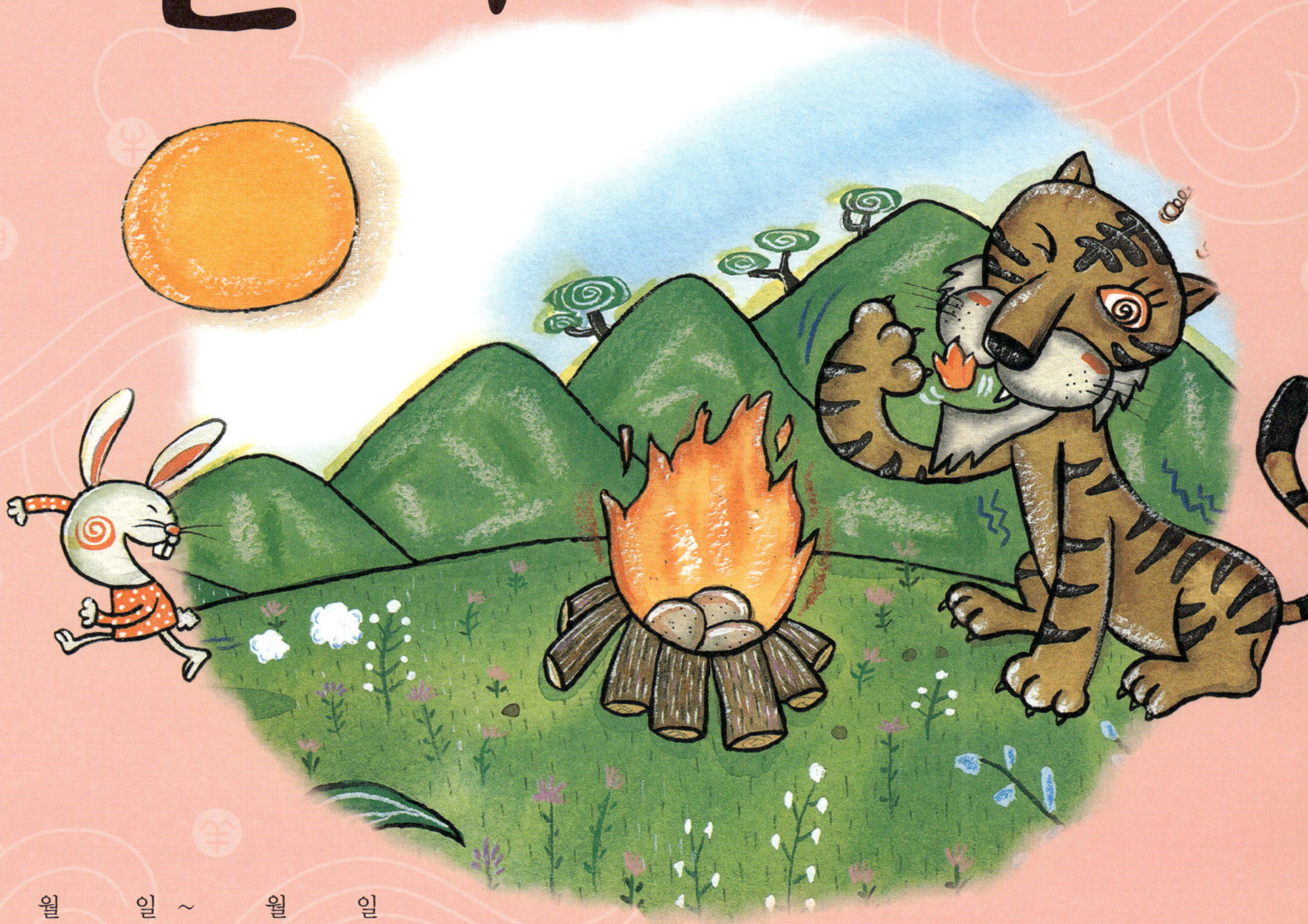

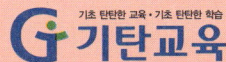

 **A단계**에서 배울 한자입니다.

A단계

1집	山, 川, 日	2집	一, 二, 三	3집	十, 百, 千	4집	田, 石, 玉
	月, 火, 水		四, 五, 六		耳, 目, 口		力, 大, 小
	木, 金, 土		七, 八, 九		人, 手, 足		上, 中, 下
	복습		복습		복습		복습

※ 매주마다 학습한 한자를 누적하여 읽어 보세요.

학습진단 관리표

	훈음 읽기	훈음 쓰기	한자 쓰기	한자어 읽기		이번 주는?
금주평가	Ⓐ 아주 잘함	Ⓐ 아주 잘함	Ⓐ 아주 잘함	Ⓐ 아주 잘함	● 학습방법	❶ 매일매일 ❷ 가끔 ❸ 한꺼번에 하였습니다.
	Ⓑ 잘함	Ⓑ 잘함	Ⓑ 잘함	Ⓑ 잘함	● 학습태도	❶ 스스로 잘 ❷ 시켜서 억지로 하였습니다.
	Ⓒ 보통	Ⓒ 보통	Ⓒ 보통	Ⓒ 보통	● 학습흥미	❶ 재미있게 ❷ 실증내며 하였습니다.
	Ⓓ 노력해야 함	Ⓓ 노력해야 함	Ⓓ 노력해야 함	Ⓓ 노력해야 함	● 교재내용	❶ 적합하다고 ❷ 어렵다고 ❸ 쉽다고 하였습니다.
	지도 교사가 부모님께				부모님이 지도 교사께	

종합평가	Ⓐ 아주 잘함	Ⓑ 잘함	Ⓒ 보통	 Ⓓ 노력해야 함

이번 주에는 月(달 월), 火(불 화), 水(물 수)를 배워요.

1일차	13a~14b	• 지난 호에서 학습한 山, 川, 日을 복습합니다. • 동화를 읽고 月, 火, 水의 뜻을 이야기해 봅니다. • 한자 카드나 받아쓰기로 앞서 배운 한자를 복습합니다.
2일차	15a~17b	• 자연과 요일 개념인 月, 火, 水의 뜻, 소리, 모양을 학습합니다. • 자원 설명을 보며 그림 모양과 한자를 관련시켜 지도합니다.
3일차	18a~19b	• 이번 주에 학습한 한자를 다양한 방법으로 다시 익힙니다. • 단순한 쓰기 반복 학습이 아닌 그림 한자, 미로찾기 등으로 흥미를 느낄 수 있도록 지도합니다.
4일차	20a~21b	• 21b의 한자 직관하기는 과 🔥로 이루어지는 한자를 연필로 따라 그려 보게 합니다.
5일차	22a~24a	• 月, 火, 水 학습을 마무리하고, 한자 보따리와 재미로 놀기를 통하여 흥미를 느끼게 지도합니다. • 한자 카드는 고리에 끼워서 모아 두고 매일 잠깐씩 보여 줍니다.

다시 보기

🖍 그림 한자를 보고 빈 칸에 알맞게 쓰세요.

| 산(뫼) 을(를) 뜻합니다. |
| □ 이라고 읽습니다. |

| □ 를 뜻합니다. |
| 천 이라고 읽습니다. |

| □ 을(를) 뜻합니다. |
| □ 이라고 읽습니다. |

• 지난 주에 익힌 한자를 복습합니다. 그림으로 표현된 한자를 보고 山, 川, 日의 모양과 뜻, 소리를 바르게 알고 있는지 확인해 봅니다.

한자와 뜻을 이어 보고 빈 칸에 알맞은 소리를 쓰세요.

어떤 한자를 배울까요? 동화를 읽고 스티커를 붙여 알아보세요.

어리석은 호랑이

보름달(月)이 환한 밤이었어요.
토끼가 호랑이에게 잡혀 왔어요.
"호랑이님, 제가 맛있는 떡을 해드리겠습니다."
토끼는 꾀를 내어 불(火)에 돌을 구웠어요.
"비쩍 마른 저보다 이 떡이 훨씬 맛있답니다."

• 아이와 함께 달, 물, 불의 개념을 먼저 이야기해 봅니다.

호랑이는 그 말을 믿고
돌떡을 꿀꺽 삼켰어요.
"앗 뜨거워! 누가 물(水) 좀 줘……"
호랑이가 펄쩍펄쩍 뛰고 있는 사이
토끼는 얼른 도망을 갔답니다.

• 밝게 비추는 달, 앗 뜨거운 불, 시원한 물 등 한자와 사물의 감각을 관련시켜 지도합니다.

 月 알아보기

🔊 빈 곳에 알맞은 스티커를 붙이고 한자의 뜻과 소리를 읽어 보세요.

뜻: 달   소리: 월

📖 月이 만들어진 유래를 알아보고 한자 스티커를 붙이세요.

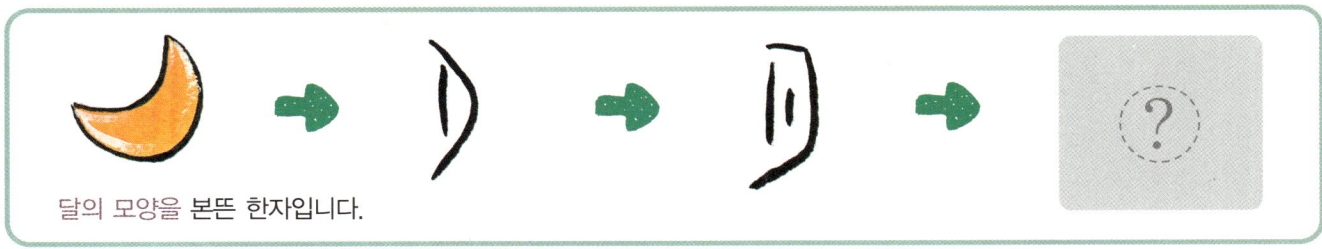

달의 모양을 본뜬 한자입니다.

✏️ 순서대로 써 보세요.

• 달의 자원 변화와 연결시켜 한자의 모양을 익히도록 합니다.

- 알맞은 뜻, 소리, 모양을 찾아 ○하세요.

  - 月의 뜻은 해 달 입니다.
  - 月의 소리는 월 일 입니다.
  - 달 월의 모양은 月 日 입니다.

- 月이 쓰인 한자어를 찾아 ○하세요.

반月

하川

月급

강山

- 필순에 맞게 月을 써 보세요.

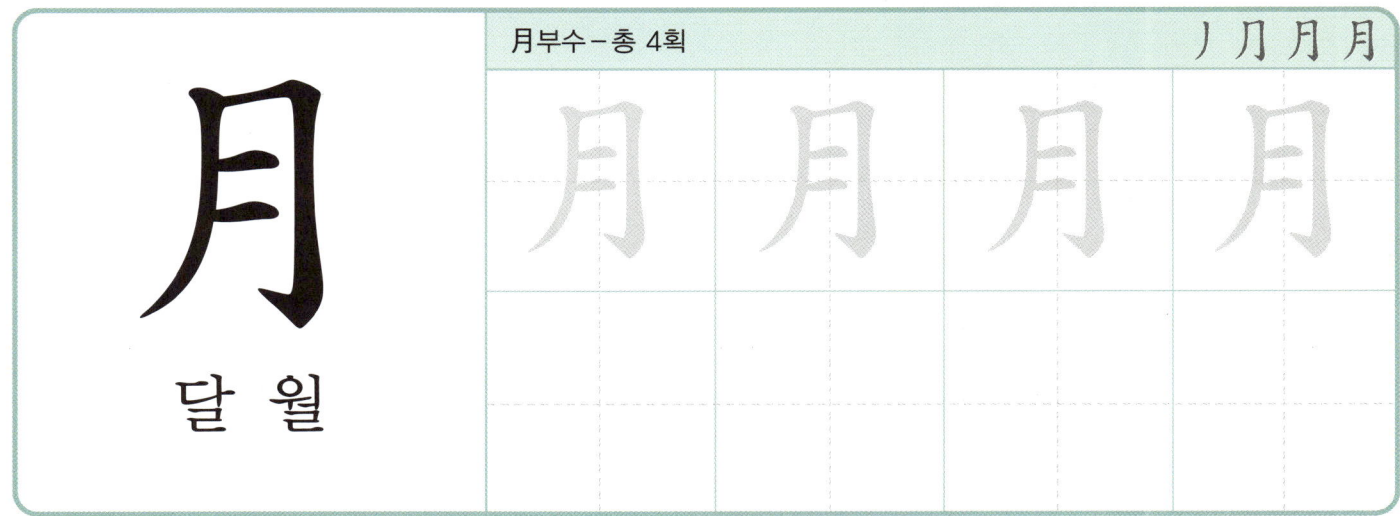

月부수 - 총 4획

ノ 刀 月 月

달 월

- 이번 주에도 "月의 뜻은 뭘까?" "月의 소리는 뭘까?" 하고 뜻과 소리를 분리하는 연습을 합니다.

火 알아보기

🔊 빈 곳에 알맞은 스티커를 붙이고 한자의 뜻과 소리를 읽어 보세요.

뜻: 불   소리: 화

📖 火가 만들어진 유래를 알아보고 한자 스티커를 붙이세요.

활활 타고 있는 불의 모양을 본뜬 한자입니다.

✏️ 순서대로 써 보세요.

• 그림으로 표현된 火의 자원 변화 과정을 따라 그리면서 두 점을 '불꽃'으로 연결시켜 기억하도록 지도합니다.

🎵 알맞은 뜻, 소리, 모양을 찾아 ◯하세요.

- 火의 뜻은 물 불 입니다.
- 火의 소리는 화 수 입니다.
- 불 화의 모양은 火 水 입니다.

🎵 火가 쓰인 한자어를 찾아 ◯하세요.

火산

火재

강山

하川

✏️ 필순에 맞게 火를 써 보세요.

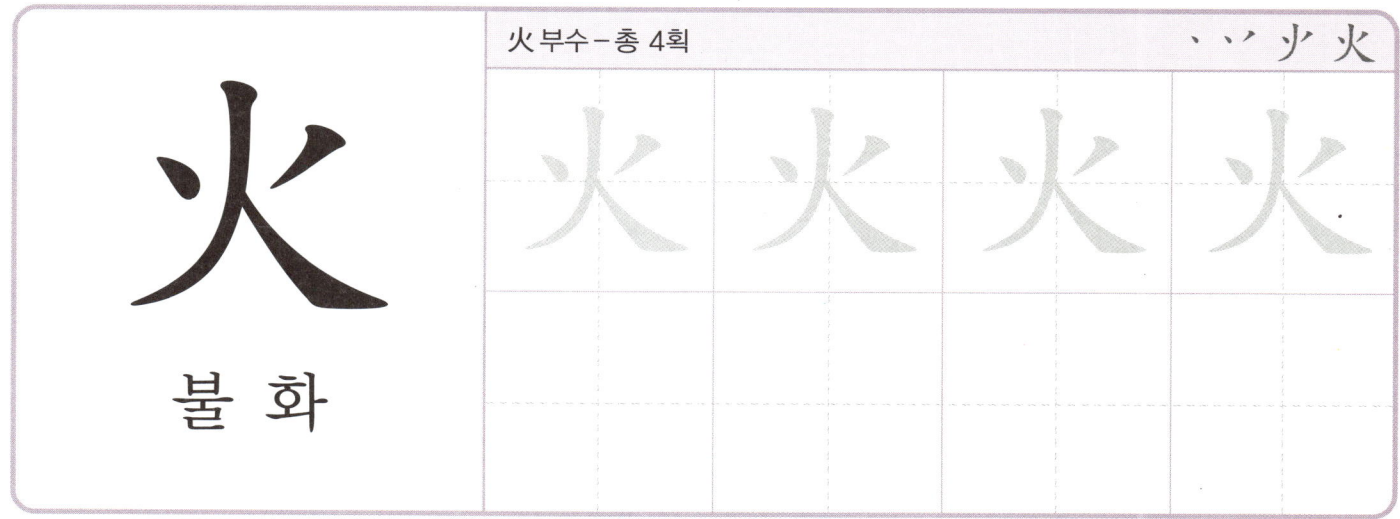

火 불 화

火 부수 - 총 4획

丶 丶 ノ 火

- 화산, 화재 이외에도 火를 사용하여 이루어진 한자어를 이야기해 봅니다. (예: 소화기, 화요일…)

 水 알아보기

🔊 빈 곳에 알맞은 스티커를 붙이고 한자의 뜻과 소리를 읽어 보세요.

뜻: 물   소리: 수

📖 水가 만들어진 유래를 알아보고 한자 스티커를 붙이세요.

물이 흘러가는 모습을 본떠 만든 한자입니다.

✏️ 순서대로 써 보세요.

● 水는 물방울이 갈래로 뻗어나는 모습으로 연결시켜 지도합니다.

📝 알맞은 뜻, 소리, 모양을 찾아 ○하세요.

- 水의 뜻은 | 물 | 불 | 입니다.
- 水의 소리는 | 화 | 수 | 입니다.
- 물 수의 모양은 | 火 | 水 | 입니다.

📝 水가 쓰인 한자어를 찾아 ○하세요.

月급

水영장

火산

水요일

📝 필순에 맞게 水를 써 보세요.

水 물 수

水 부수 - 총 4획   ㅣ 刁 水 水

- 모양이 비슷한 한자인 木(나무 목)과 구별할 수 있도록 합니다.

다지기

한자의 뜻과 소리를 바르게 찾아가세요.

• 이번 주에 배운 月, 火, 水의 3요소를 미로찾기를 통해 연습합니다.

같은 한자끼리 연결하고 뜻과 소리를 쓰세요.

• A1호에서 배운 日(날 일)과 川(내 천)의 3요소도 기억해 보도록 합니다.

✏️ 이번 주에 배운 한자가 숨어 있어요. 숨어 있는 한자를 찾아 아래에 쓰세요.

뜻: 소리:	뜻: 소리:	뜻: 소리:

● 한자 쓰기는 학습자의 연령이나 학습 성취도에 따라 보고 써도 무방합니다.

빈 곳에 알맞은 스티커를 붙이고 한자를 쓰세요.

• 자원 변화를 보며 한자를 외우지 않고 이해할 수 있도록 합니다.

한자의 알맞은 뜻, 소리를 찾아 ○하세요.

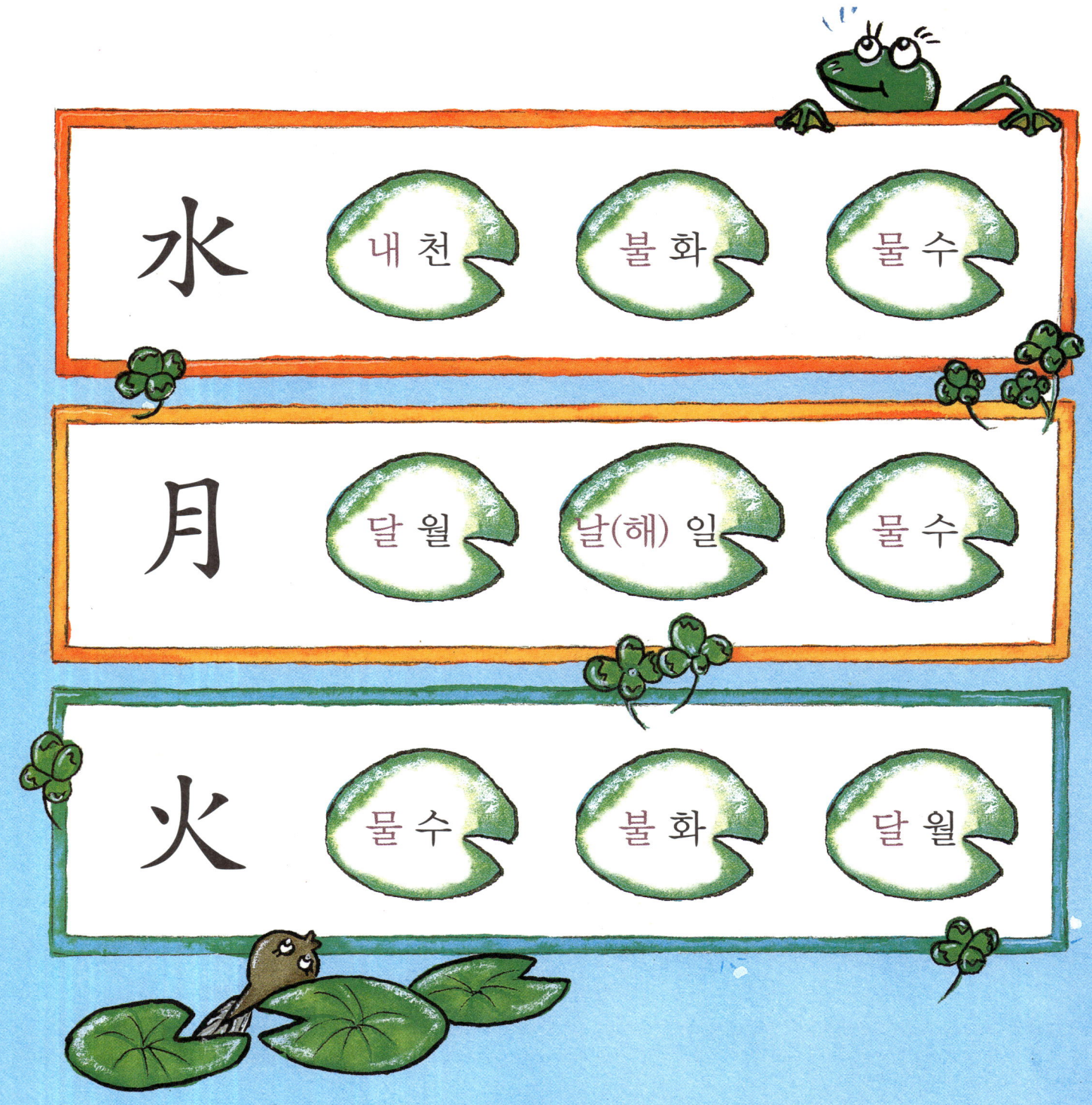

🧦 〈보기〉의 한자를 찾아 ○하세요.

〈보기〉 물 수   불 화   달 월   내 천   날(해) 일

• 앞서 배운 한자 山(산/뫼 산), 川(내 천), 日(날/해 일)의 뜻, 소리도 말해 봅니다.

한자의 뜻, 소리, 모양이 바르게 쓰인 길을 찾아가세요.

✏️ 🌙과 📘가 이루는 한자의 뜻과 소리를 쓰세요.

뜻: 소리:

뜻: 소리:

• 직관적으로 한자를 떠올리지 못할 경우 해당 그림을 따라 쓰게 하면 쉽게 이해합니다.

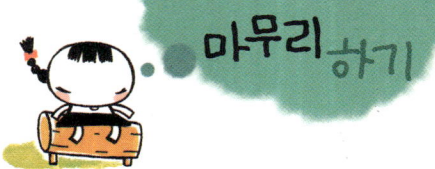

마무리하기

필순에 맞게 한자를 쓰세요.

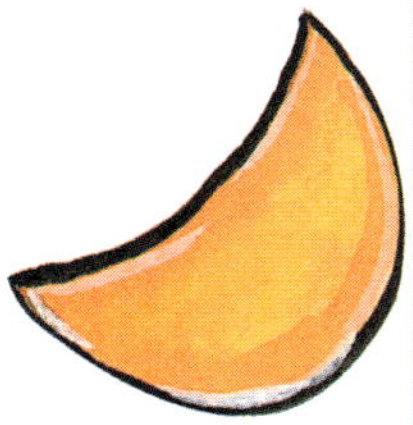

月	月		

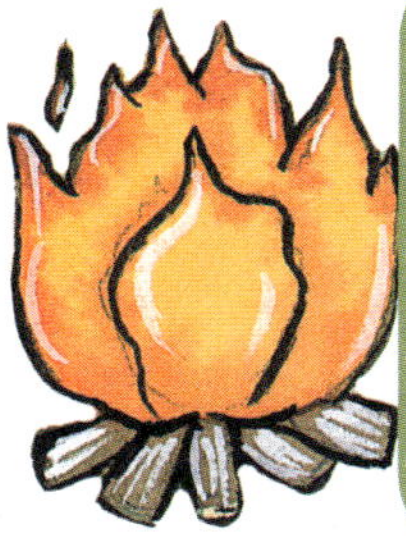

火	火		

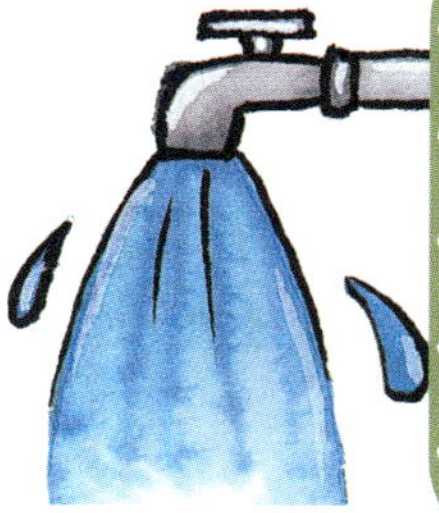

水	水		

● 火는 양쪽 점(丷)을 먼저 쓰고 水는 가운데의 갈고리 획(亅)을 먼저 씁니다.

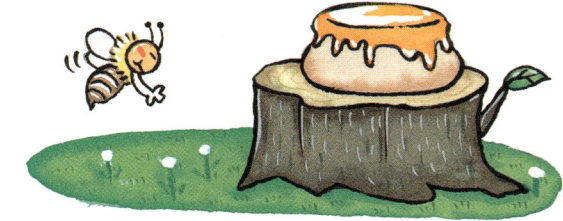

📝 빈 칸에 알맞게 쓰세요.

月				
달 월				

火				
불 화				

水				
물 수				

• 이번 주에 익힌 한자를 필순에 맞게 쓰면서 뜻과 소리를 다시 한 번 익힙니다.

 漢字 보따리

한자의 3요소

한자는 아주 욕심이 많은 문자랍니다.
우리말은 자음과 모음으로 꽃이란 문자를 소리나는 대로 적어서
표현하면 뜻도 되고, 소리도 되죠.
그런데 한자는 모두 각기 다른 3가지 요소를 포함하고 있답니다.

| 花 | 뜻 : 꽃
소리 : 화
모양 : 花 |

| 月 | 뜻 : 달
소리 : 월
모양 : 月 |

위와 같이 모든 한자는 저마다의 뜻과 소리와 모양을 따로 가지고 있습니다.
뜻은 의(意) 또는 훈(訓)이라고도 합니다. 소리는 음(音)이라고 합니다.
모양은 형(形)이라고 합니다.
이를 한자의 가장 중요한 3가지 것이라는 의미에서 한자의 3요소라 합니다.
여러분이 한자를 익힐 때에도 결국은 한자의 3요소를
공부하는 것이 가장 중요한 내용입니다.
앞으로 배울 한자의 뜻과 소리를 알고 한자의 모양을
구별해 낼 수 있도록 한자를 익혀 보세요.

해답

A1집 13a-24a

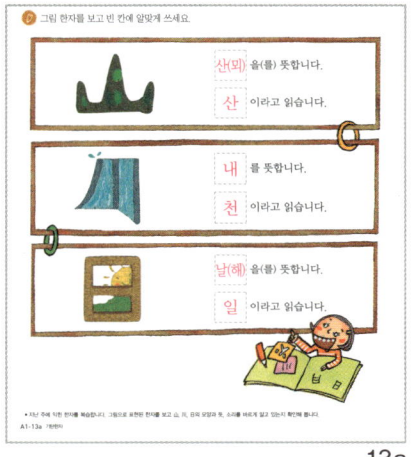
13a

13b

14a

14b

15a

15b

16a

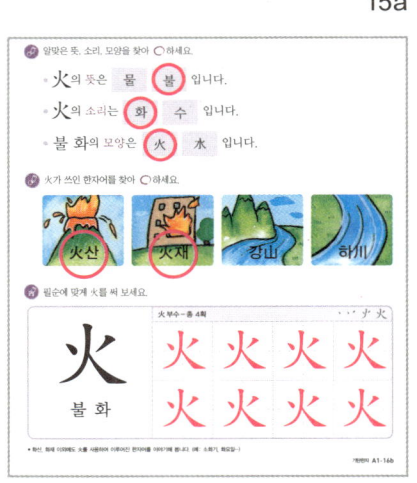
16b

17a

기탄한자 A1-23b

17b

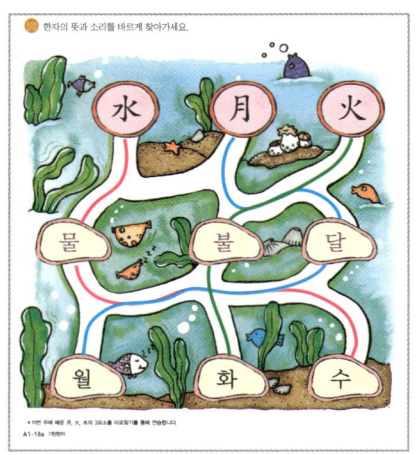
18a

18b

19a

19b

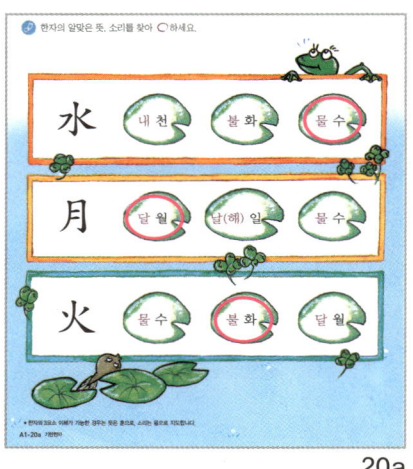
20a

20b

21a

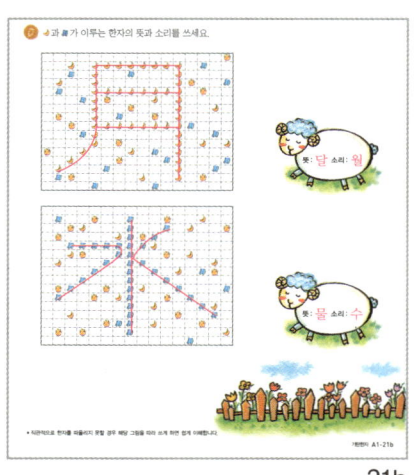
21b

기탄한자 A1 집 2호 한자 카드

火	月
불 화	달 월
기탄한자 A1 집 2호	기탄한자 A1 집 2호

月 달 월 火 불 화 水 물 수	水 물 수
기탄한자 A1 집 2호	기탄한자 A1 집 2호

半月

火山

水泳場

 半月

 火山

 水泳場

화산

땅 속의 마그마가 밖으로 터져 나와 퇴적하여 이루어진 산

火 : 불 화   山 : 산(뫼) 산

반월

반달

半 : 반 반   月 : 달 월

 반월

 화산

 수영장

수영장

헤엄을 치면서 놀거나 경기 따위를 할 수 있도록 만들어 놓은 시설

水 : 물 수   泳 : 헤엄칠 영
場 : 마당 장

🪚 아래의 그림 조각을 오려 그림을 완성해 보세요.

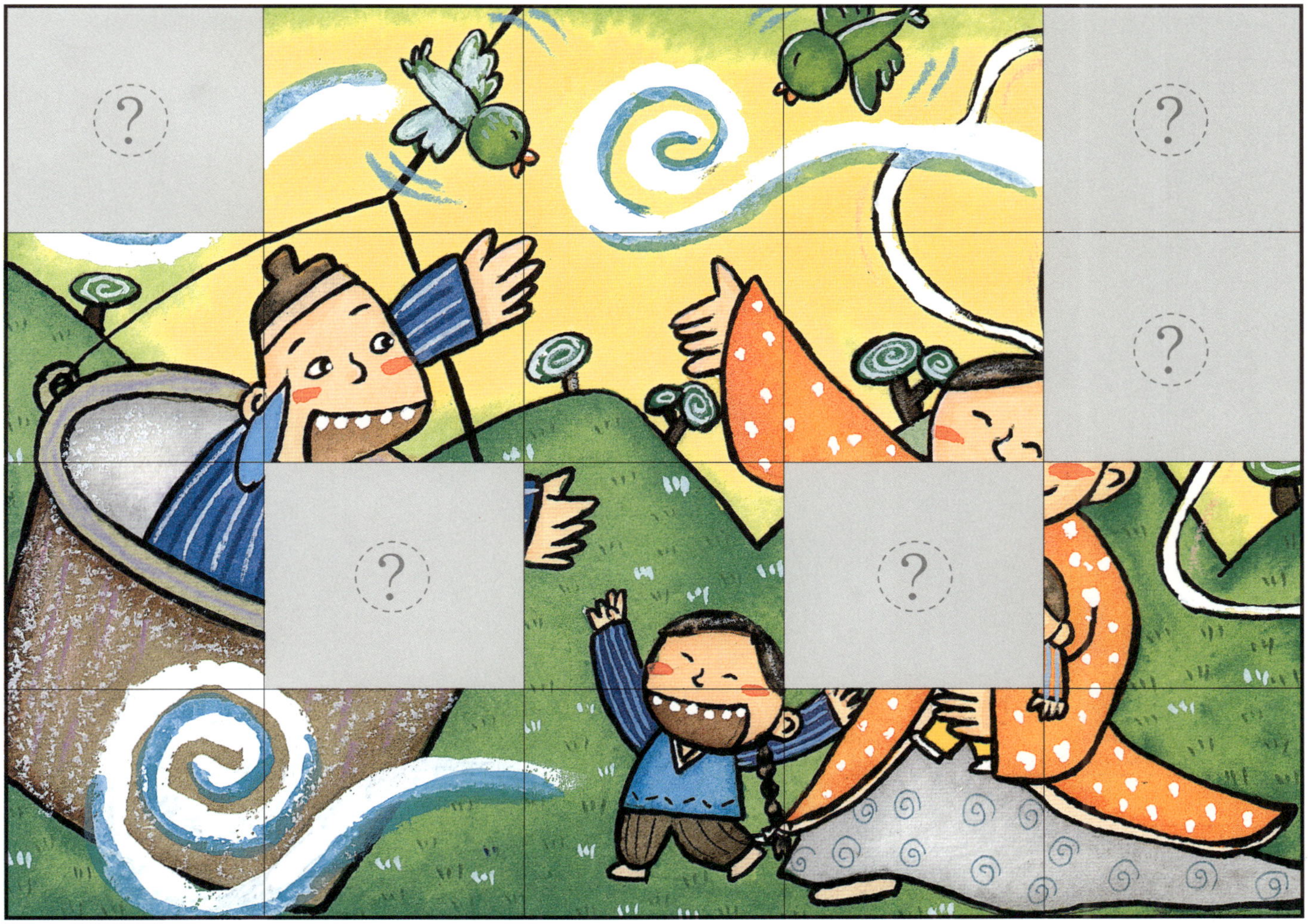

———— 오리는 선

펴낸이 : 정지향
펴낸곳 : (주)기탄교육
기획·편집·디자인 : 기탄교육연구소
주소 : 06698 서울특별시 서초구 효령로 40 기탄출판센터
등록 : 제2000-000098호
전화 : (02) 586-1007
팩스 : (02) 586-2337

※서점에 갈 시간이 없거나 구하기 어려운 분은 인터넷 또는 전화로 신청하세요. 즉시 우송해 드립니다.
● www.gitan.co.kr

ⓒ (주)기탄교육 All rights reserved.
저작권자의 동의 없이 본 교재를 무단으로 복제하거나 전재하는 것을 금합니다.

카드로 놀아요

• 한자 카드 이렇게 놀아 주세요. ②

어디어디 있나?

생활 속에서 기억할 수 있는 기회를 자주 제공하는 것이 한자를 잊어버리지 않는 좋은 방법입니다. 아이가 다른 인쇄매체 속에서 자신이 알고 있는 한자를 발견하여 한자를 각인시키는 놀이입니다.

1 신문이나 보지 않는 교과서, 잡지 등 한자가 쓰여 있는 인쇄물을 준비해요.

2 한자 카드를 선정하여 엄마와 아이가 각각 갖고 있는 인쇄물에서 해당 한자를 찾아요.

3 일정 시간 동안 해당 한자를 카드에 많이 붙인 사람이 이겨요.

• 준비물 – 한자 카드, 신문·잡지 등 한자가 쓰여 있는 출판물, 가위, 풀, 색연필

2호에서 배운 한자를 다시 한번 써 보세요.

| 月 | 月 | 月 | 月 | 月 | 月 |

달 월

| 火 | 火 | 火 | 火 | 火 | 火 |

불 화

| 水 | 水 | 水 | 水 | 水 | 水 |

물 수

3호

기탄한자 A단계 1집 25a~36a

그림으로 익히고 놀이로 기억하는 입체 한자 학습 프로그램

기탄® 한자

A1집
3호

25a-36a

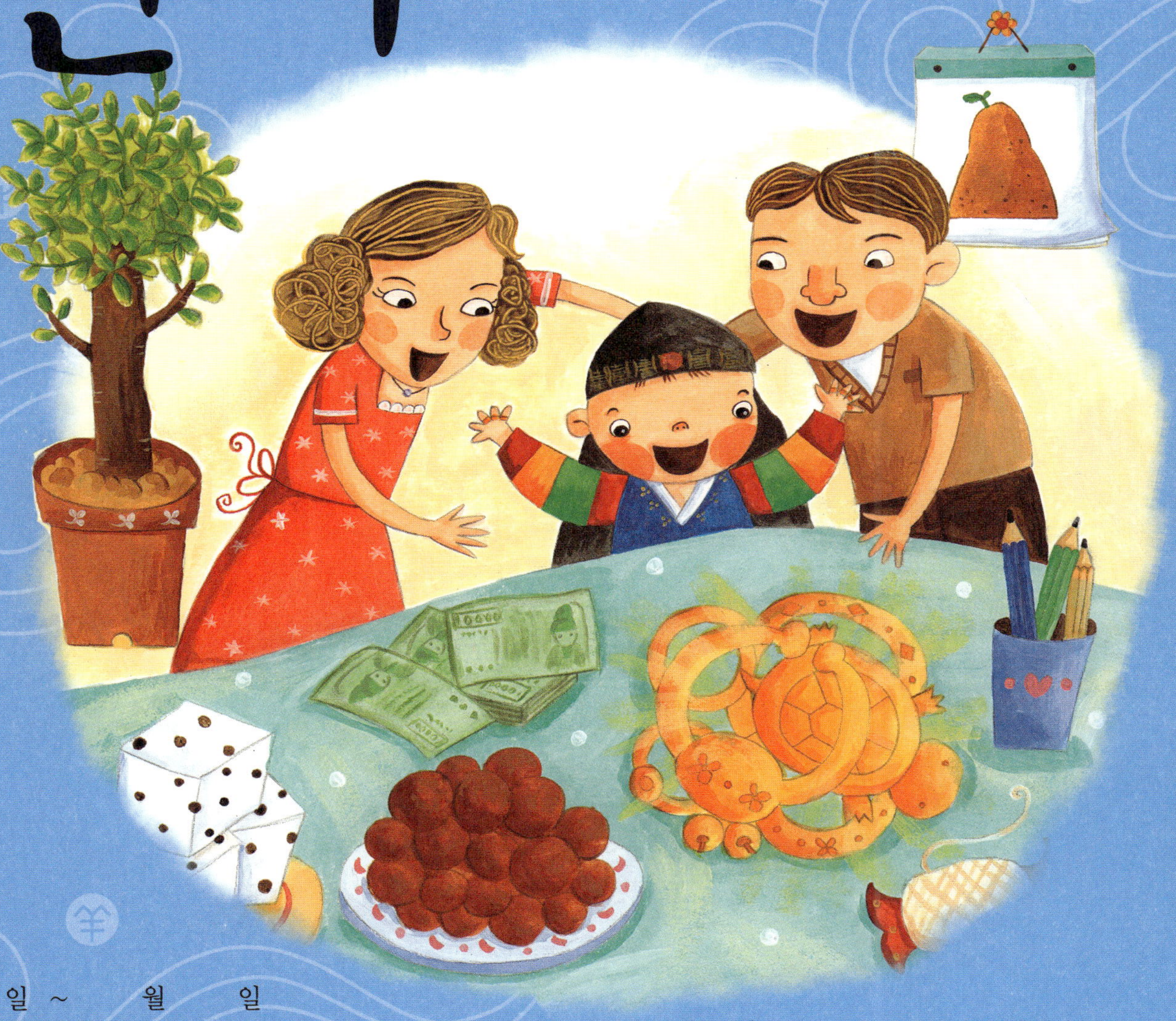

공부한 날	월	일 ~	월	일
		(원)교		반
이름		전화		

www.gitan.co.kr

기초 탄탄한 교육 · 기초 탄탄한 학습
기탄교육

A단계에서 배울 한자입니다.

A단계							
1집	山, 川, 日	2집	一, 二, 三	3집	十, 百, 千	4집	田, 石, 玉
	月, 火, 水		四, 五, 六		耳, 目, 口		力, 大, 小
	木, 金, 土		七, 八, 九		人, 手, 足		上, 中, 下
	복습		복습		복습		복습

※ 매주마다 학습한 한자를 누적하여 읽어 보세요.

학습진단 관리표

	훈음 읽기	훈음 쓰기	한자 쓰기	한자어 읽기		이번 주는?		
금주평가	Ⓐ 아주 잘함	Ⓐ 아주 잘함	Ⓐ 아주 잘함	Ⓐ 아주 잘함	● 학습방법	❶ 매일매일	❷ 가끔	❸ 한꺼번에 하였습니다.
	Ⓑ 잘함	Ⓑ 잘함	Ⓑ 잘함	Ⓑ 잘함	● 학습태도	❶ 스스로 잘	❷ 시켜서 억지로 하였습니다.	
	Ⓒ 보통	Ⓒ 보통	Ⓒ 보통	Ⓒ 보통	● 학습흥미	❶ 재미있게	❷ 싫증내며 하였습니다.	
	Ⓓ 노력해야 함	Ⓓ 노력해야 함	Ⓓ 노력해야 함	Ⓓ 노력해야 함	● 교재내용	❶ 적합하다고	❷ 어렵다고	❸ 쉽다고 하였습니다.
	지도 교사가 부모님께				부모님이 지도 교사께			

종합평가	Ⓐ 아주 잘함	Ⓑ 잘함	Ⓒ 보통	Ⓓ 노력해야 함

A1집
25a-36a

이번 주에는 木(나무 목), 金(쇠/성 금/김), 土(흙 토)를 배워요.

이렇게 **도와** 주세요

1일차 25a~26b
- 지난 호에서 학습한 月, 火, 水를 복습합니다.
- 동화를 읽고 木, 金, 土의 뜻을 이야기해 봅니다.
- 한자 카드나 받아쓰기로 앞서 배운 한자를 복습합니다.

2일차 27a~29b
- 아이가 스티커를 붙이고 사물의 개념에 해당하는 한자와 연결해 보도록 합니다.
- 손힘이 약한 아이의 경우 쓰기를 강요하지 않고 3요소 위주로 익힙니다.

3일차 30a~31b
- 한자의 3요소를 재미있는 방법으로 놀이하듯 익힙니다.
- 30b의 그림 한자는 문자에서 훈의 요소를 먼저 떠올리게 지도합니다. (예 :  번쩍이는 금이네!)

4일차 32a~33b
- 자연(山, 川)과 요일에 관련되는 한자를 모두 익혔으므로 요일을 쓸 때 한자로 기록해 보게 합니다. (예:月요일, 水요일)

5일차 34a~36a
- 木, 金, 土 학습을 마무리하고, 한자 보따리와 재미로 놀기를 통하여 흥미를 느끼게 지도합니다.
- 한자 카드는 고리에 끼워서 모아 두고 매일 잠깐씩 보여 줍니다.

다시 보기

✏️ 그림 한자를 보고 빈 칸에 알맞게 쓰세요.

月
☐ 을 뜻합니다.
☐ 이라고 읽습니다.

火
☐ 을 뜻합니다.
☐ 라고 읽습니다.

水
☐ 을 뜻합니다.
☐ 라고 읽습니다.

● 그림 한자에서 떠오르는 달, 불, 물의 이미지를 먼저 이야기하도록 합니다. (예 : 한자에 무슨 그림이 있는지 보자. 달, 불, 물이 있네!)

한자와 뜻을 이어 보고 빈 칸에 알맞은 소리를 쓰세요.

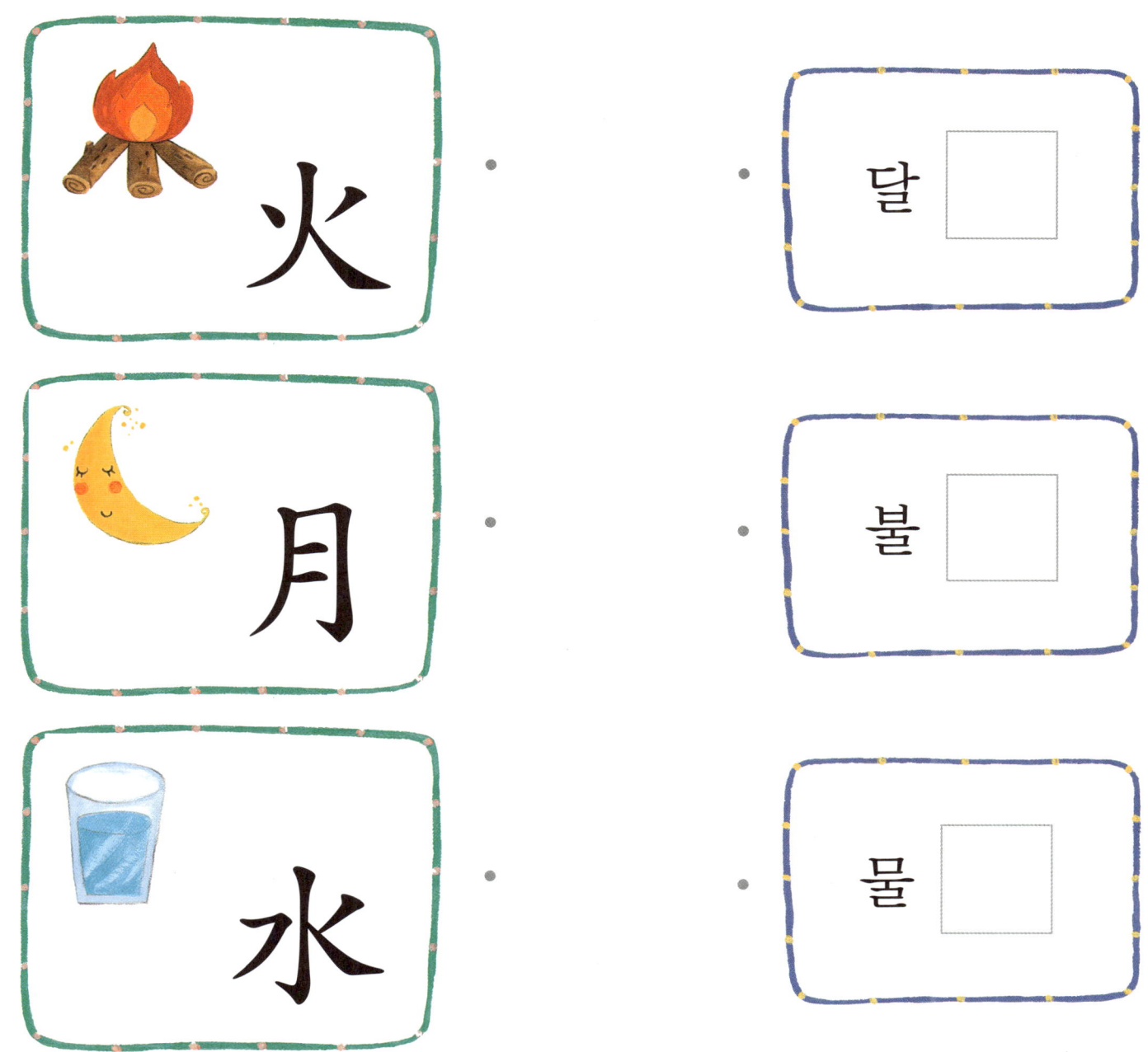

들어가기

어떤 한자를 배울까요? 동화를 읽고 스티커를 붙여 알아보세요.

돌잔치

오늘은 **토**(土)요일,
내 동생 돌잔치 날이에요.
동생은 예쁜 한복을 입고
반짝반짝
금(金)반지를 끼었어요.

• 돌잔치 상황을 통하여 木, 金, 土의 개념을 익힙니다. 아이에게 자신의 돌잔치에 관한 이야기를 들려 주세요.

많은 사람들이 축하해 주려고 왔어요.
새도
나무(木)도
흙(土)도
모두모두 축하해 주었어요.

• 빈 곳에 스티커를 붙이면서 '쇠 금', '나무 목', '흙 토'라고 훈음을 읽어 보도록 합니다.

木 알아보기

🔊 빈 곳에 알맞은 스티커를 붙이고 한자의 뜻과 소리를 읽어 보세요.

뜻: 나무   소리: 목

📄 木이 만들어진 유래를 알아보고 한자 스티커를 붙이세요.

한 그루의 나무 모습을 본뜬 한자입니다.

✏️ 순서대로 써 보세요.

● 木은 모양이 비슷한 한자인 水(물 수)와 구별할 수 있도록 합니다.

✏️ 알맞은 뜻, 소리, 모양을 찾아 ○하세요.

- 木의 뜻은 나무   물 입니다.
- 木의 소리는 불   목 입니다.
- 나무 목의 모양은 木   水 입니다.

✏️ 木이 쓰인 한자어를 찾아 ○하세요.

반月

木수

등山

식木일

✏️ 필순에 맞게 木을 써 보세요.

木부수 - 총 4획   一 十 才 木

木
나무 목

• '목수'와 '식목일'의 뜻에 대하여 이야기합니다. (목수 : 나무를 다루어 집을 짓거나 기구를 만드는 사람, 식목일 : 나무를 심도록 정한 날)

金 알아보기

🔊 빈 곳에 알맞은 스티커를 붙이고 한자의 뜻과 소리를 읽어 보세요.

뜻: 쇠/성   소리: 금/김

📗 金이 만들어진 유래를 알아보고 한자 스티커를 붙이세요.

땅 속에 여러 가지 금속이 묻혀 있는 모양을 본뜬 한자입니다.

✏️ 순서대로 써 보세요.

● 金은 비교적 획수가 많은 한자이므로 무조건 암기하지 말고 그림으로 표현된 金의 자원 변화 과정을 따라 그리면서 이해하도록 합니다.

🖊 알맞은 뜻, 소리, 모양을 찾아 ◯하세요.

- 金의 뜻은 쇠/성 나무 입니다.
- 金의 소리는 목 금/김 입니다.
- 쇠/성 금/김의 모양은 金 木 입니다.

🖊 金이 쓰인 한자어를 찾아 ◯하세요.

火산

金구

木수

황金

🖊 필순에 맞게 金을 써 보세요.

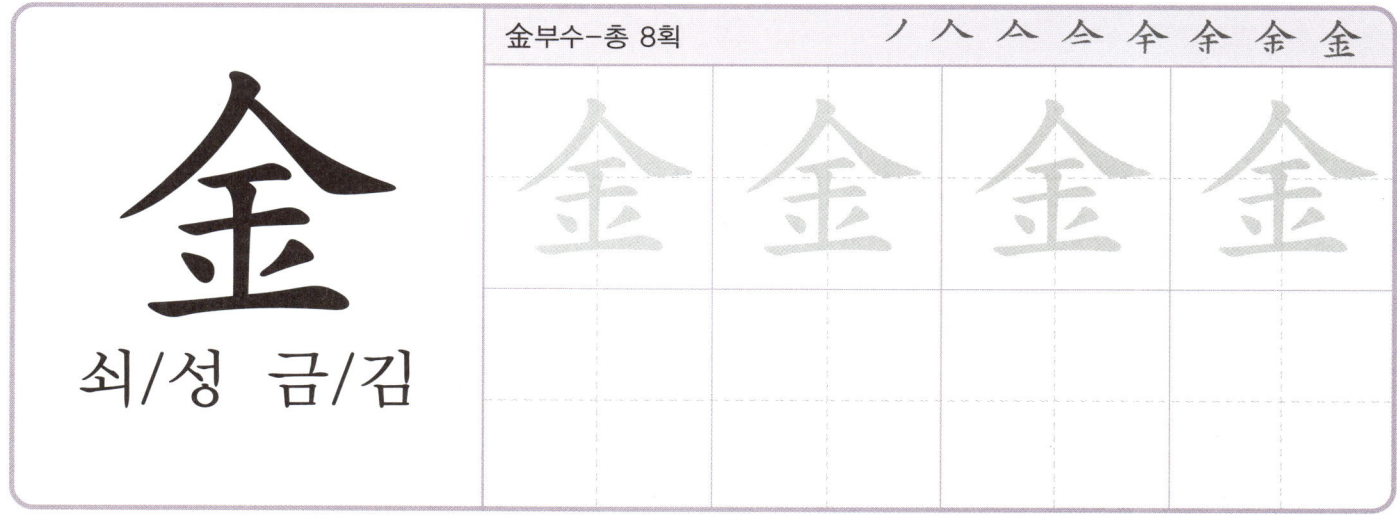

金부수-총 8획

ノ 入 へ 亼 仐 全 金 金

金
쇠/성 금/김

- 金九를 모르는 아이에게는 위인전이나 인터넷을 통해 알아보게 합니다. 金九(김구) : 한국의 정치가, 독립운동가, 호 백범

土 알아보기

🔊 빈 곳에 알맞은 스티커를 붙이고 한자의 뜻과 소리를 읽어 보세요.

뜻: 흙   소리: 토

📖 土가 만들어진 유래를 알아보고 한자 스티커를 붙이세요.

땅 위에 한 무더기의 흙이 있는 모습을 본뜬 한자입니다.

✏️ 순서대로 써 보세요.

• 土를 쓸 때 첫 획을 길게 그으면 '선비 사'가 되므로 주의합니다. 士(선비 사)와 구별하세요.

🔍 알맞은 뜻, 소리, 모양을 찾아 ○하세요.

- 土의 뜻은 　나무　 　흙　 입니다.
- 土의 소리는 　토　 　물　 입니다.
- 흙 토의 모양은 　土　 　水　 입니다.

🔍 土가 쓰인 한자어를 찾아 ○하세요.

日기

국土

土지

木수

✏️ 필순에 맞게 土를 써 보세요.

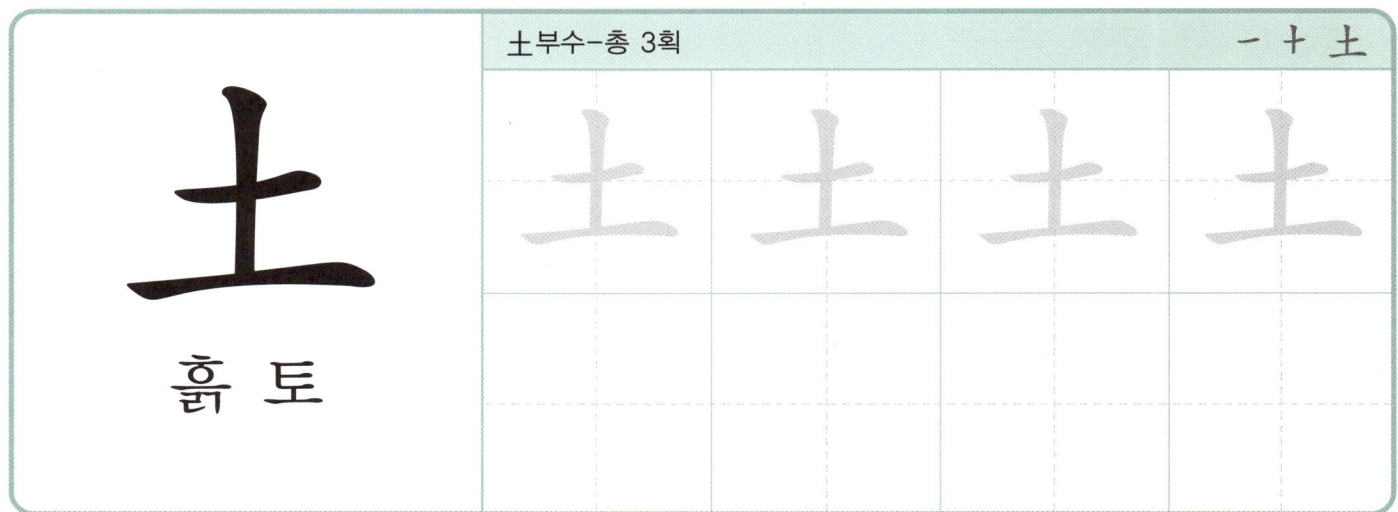

土부수-총 3획　　一 十 土

土
흙 토

- 아이들은 습관적으로 '흙 토'라고 말합니다. 이때 훈과 음을 분리하여 "土의 뜻은? 소리는?"하고 질문해 봅니다.

다지기

한자의 뜻과 소리를 바르게 찾아가세요.

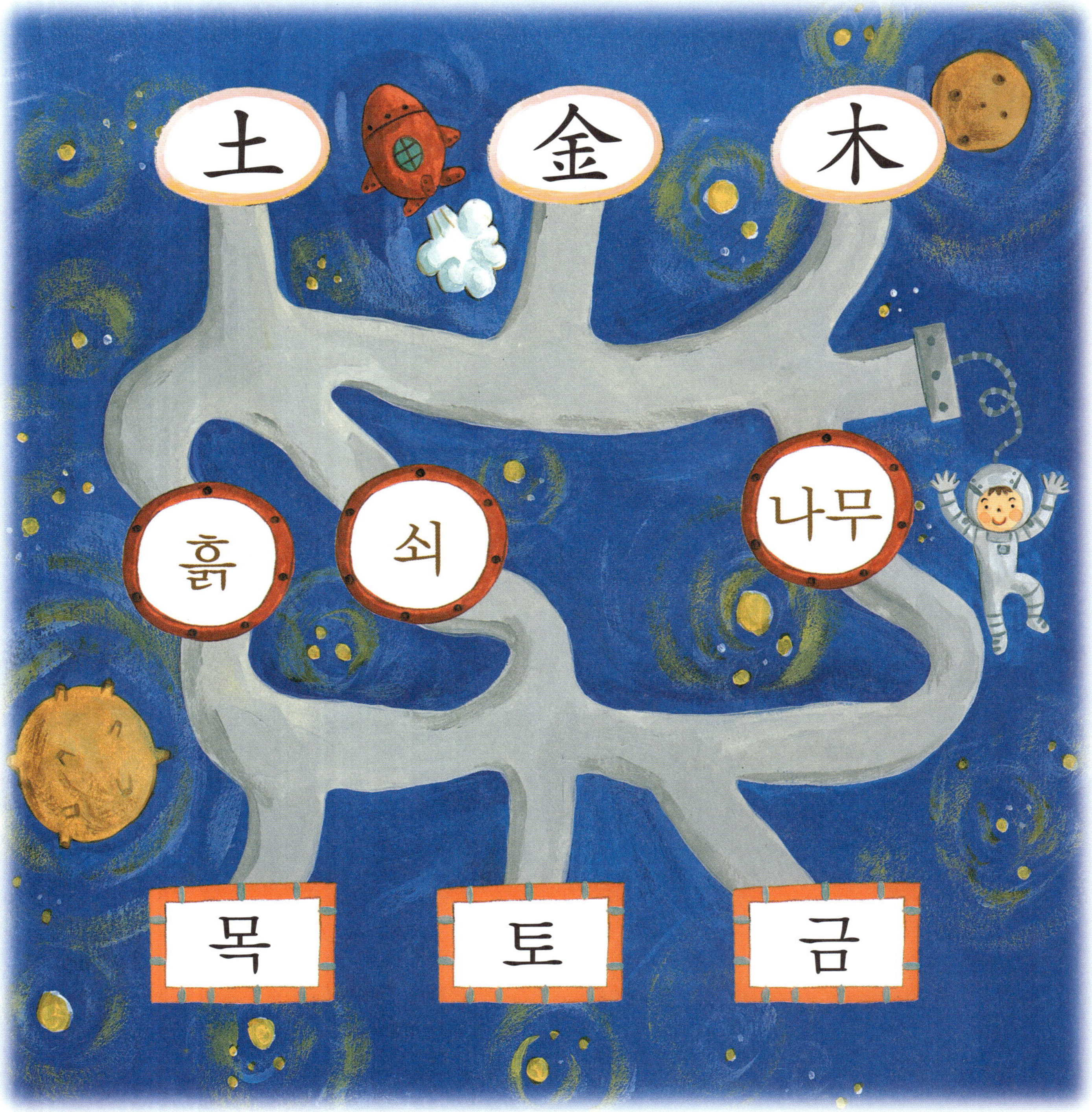

土 金 木

흙 쇠 나무

목 토 금

● 金은 여기에서는 '쇠 금'으로만 적용하여 길을 찾도록 합니다.

같은 한자끼리 연결하고 뜻과 소리를 쓰세요.

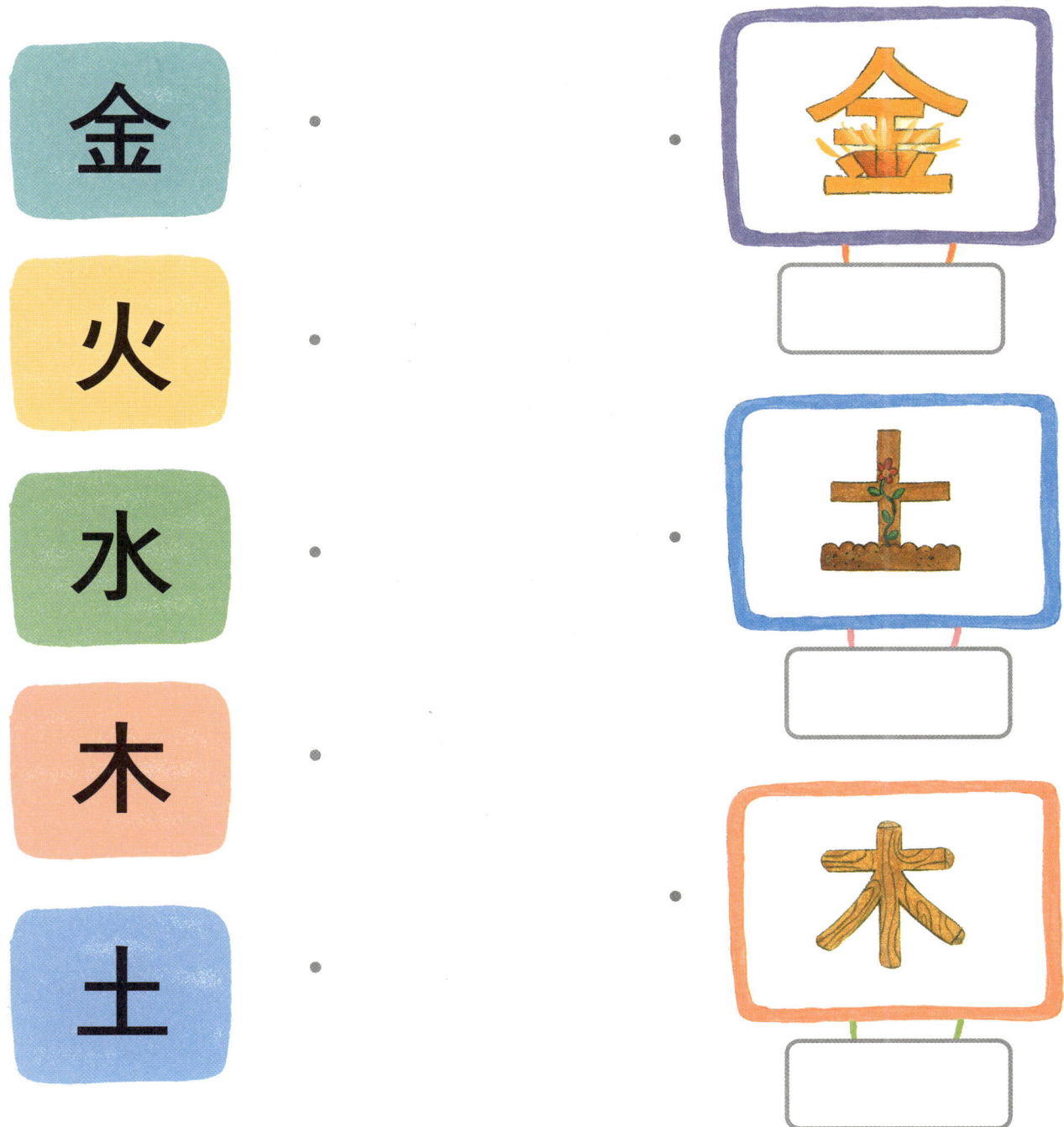

• 그림 한자를 보아야 한자를 인식하고 정자체를 알지 못하는 경우에는 그림 한자 위에 덧쓰기를 해 봅니다.

✏️ 이번 주에 배운 한자가 숨어 있어요. 숨어 있는 한자를 찾아 아래에 쓰세요.

뜻: 소리:	뜻: 소리:	뜻: 소리:

● 나머지 모양을 기억하지 못하면 앞쪽이나 한자 카드 등을 보고 써도 무방합니다.

📝 빈 곳에 알맞은 스티커를 붙이고 한자를 쓰세요.

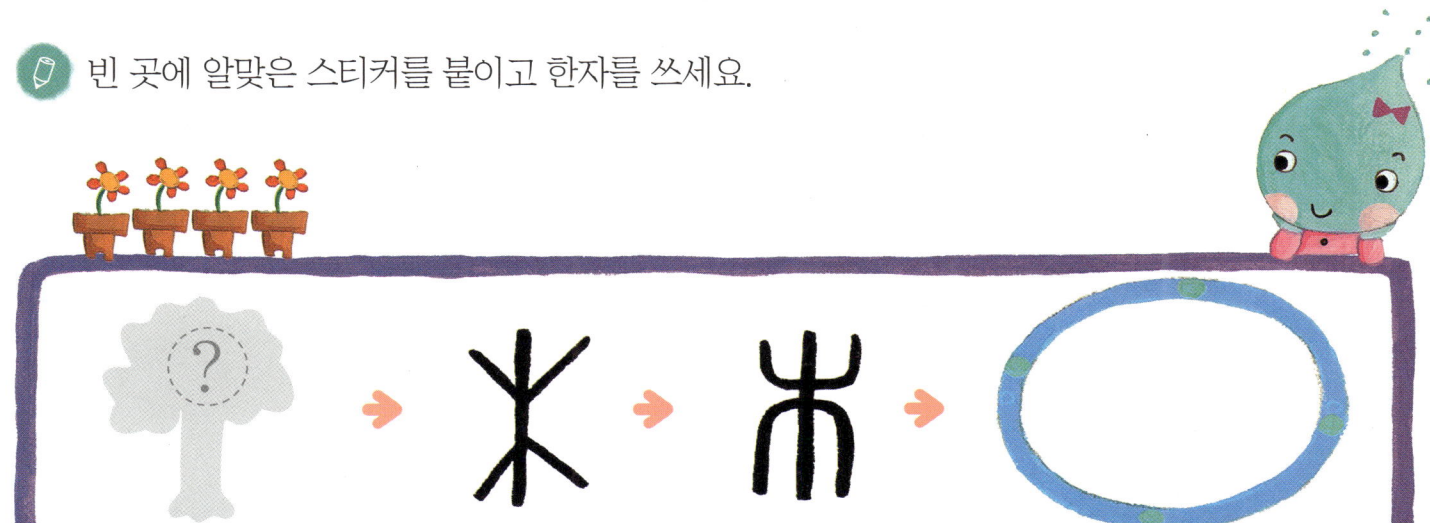

• 숲의 경우 자원의 변화는 '쇠 금'의 뜻으로만 학습합니다.

🔍 한자의 알맞은 뜻, 소리를 찾아 ○하세요.

金 — 쇠/성 금/김 · 불 화 · 물 수

土 — 물 수 · 흙 토 · 나무 목

木 — 흙 토 · 쇠/성 금/김 · 나무 목

• 金은 주변의 친구나 가족들 중에서 김씨 성을 가진 인물을 예를 들어 이야기합니다.

 〈보기〉의 한자를 찾아 ◯하세요.

〈보기〉 불 화   쇠/성 금/김   흙 토   나무 목   내 천

• 한자의 모양을 찾고, 따라 쓰면서 앞서 배운 한자를 복습할 수 있습니다.

한자의 뜻, 소리, 모양이 바르게 쓰인 길을 찾아가세요.

- 3요소가 바르지 않은 곳은 바르게 고쳐 보세요.

마무리하기

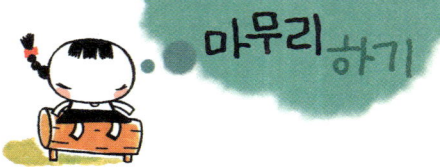

필순에 맞게 한자를 쓰세요.

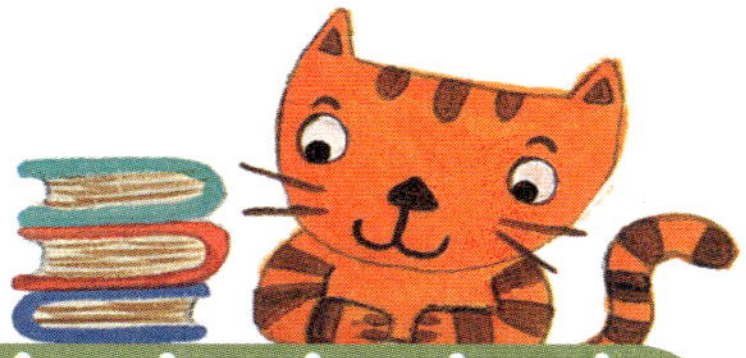

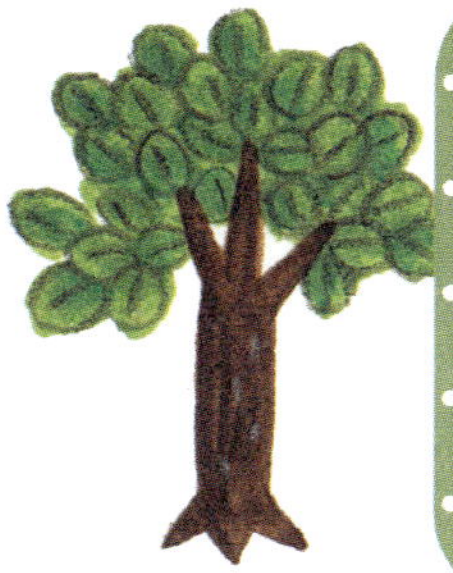

木 木

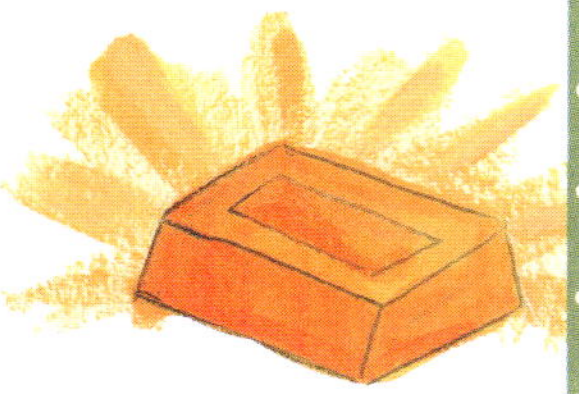

金 金

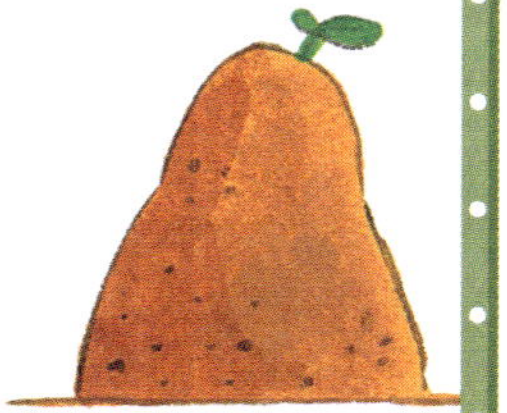

土 土

• 이번 주에 배운 木, 金, 土의 필순을 아이가 바르게 쓰는지 확인합니다.

빈 칸에 알맞게 쓰세요.

● 이번 주에 익힌 木, 金, 土의 3요소를 확인 학습하고 정리합니다.

 漢字 보따리

한자는 모두 몇 자나 될까요?

한자는 모두 몇 자나 될까요?
여러분이 알고 있는 것처럼 한자는 그림에서부터 출발하였습니다.
사물의 모양을 그림으로 표현하여 점차 단순화해서 하나의 상징적인 문자를 이루어 오늘날의 모양을 갖추게 되었습니다.

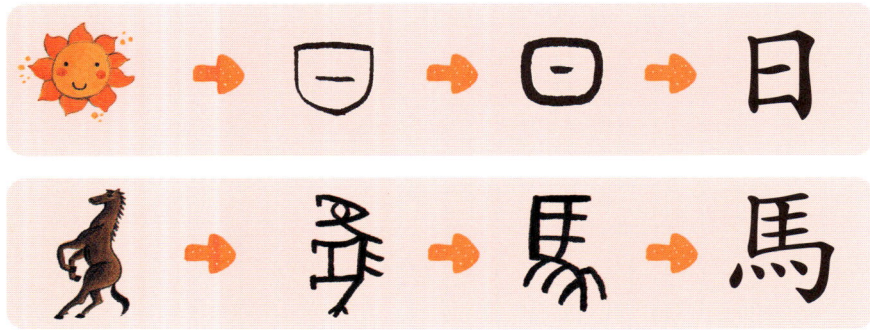

이러한 이유로
한자의 수도 처음에는 형상이 있는 것에 국한해서 만들 수밖에 없었습니다.
그래서 최초의 한자로 알려진 갑골문(거북의 배딱지, 동물의 뼈에 새긴 한자)의 수는 대략 4,500여자 정도였다고 합니다.
그러나 점차 문명이 발달하고 복잡한 사회 구조를 이루게 되자, 그림으로 표현할 수 없는 부분들이 많아지게 되고 점점 불편을 느끼게 되었습니다. 이를 해결하기 위하여 한자의 수는 점점 늘어나게 됩니다.
그 후 한자를 총정리하고 올바른 체계를 세웠다고 평가되는 허신(許愼)이라는 학자가 쓴 설문해자(說文解字)라는 책에는 9,353자의 한자가 실려 있고, 현재는 약 8만 5천여자의 한자가 만들어져 있습니다.

해답

A1집 25a-36a

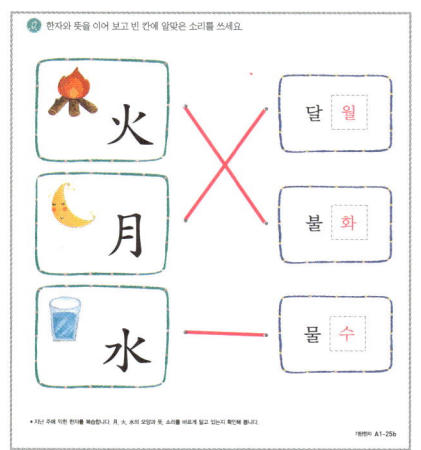

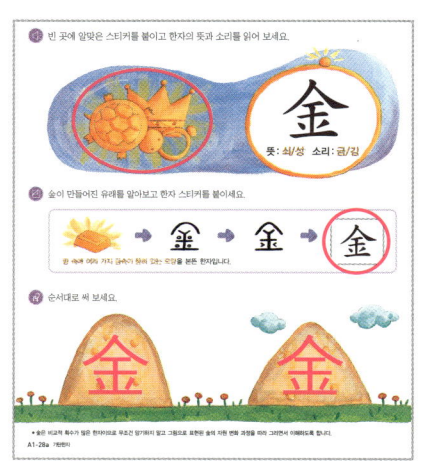

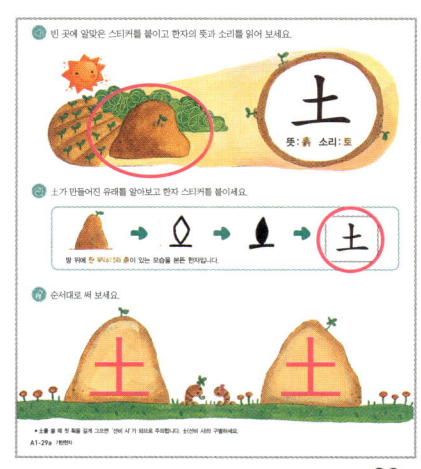

기탄한자 A1-35b

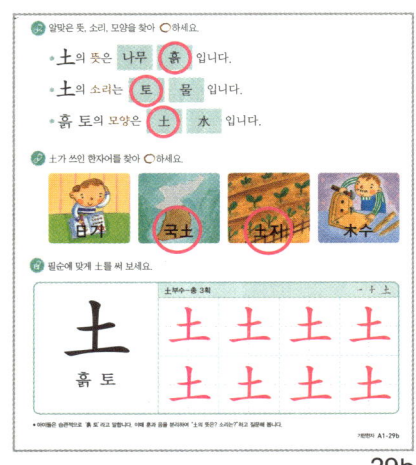
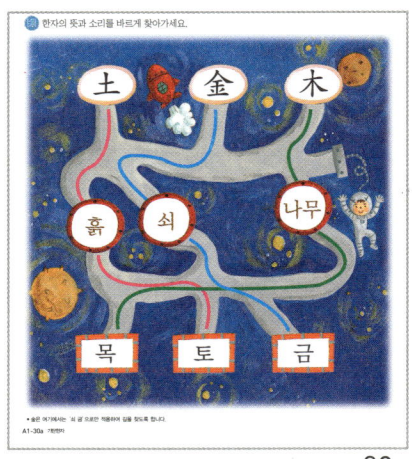
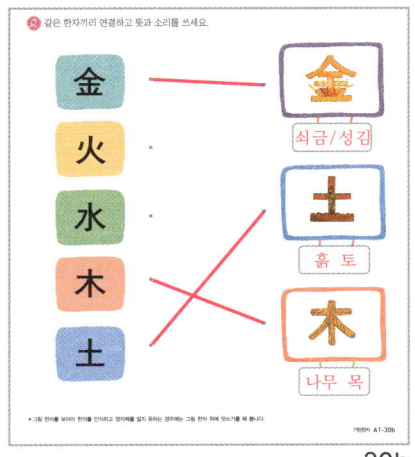

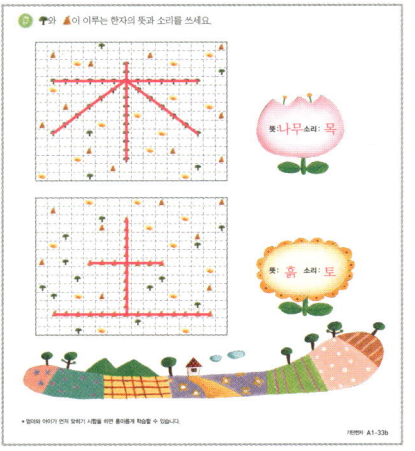

기탄한자 A1 집 3호 한자 카드

기탄한자 A1 집 3호 한자 카드

金	木
쇠/성 금/김	나무 목
기탄한자 A1 집 3호	기탄한자 A1 집 3호

木 나무 목 金 쇠/성 금/김 土 흙 토	土 흙 토
기탄한자 A1 집 3호	기탄한자 A1 집 3호

木手

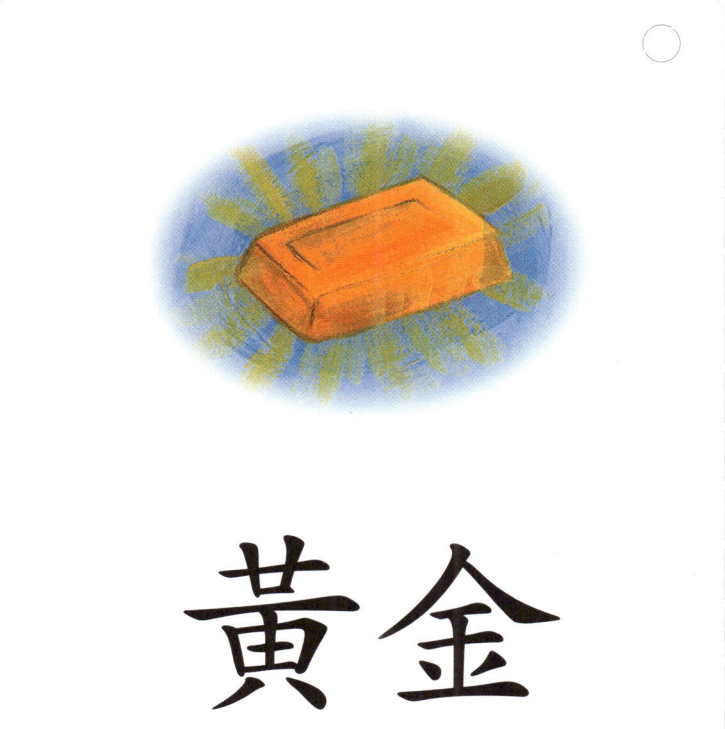

黃金

土地

木手

黃金

土地

기탄한자 A1집 3호 한자어 카드

황금
누런 빛을 띤 금

黃:누를 황 金:쇠/성 금/김

기탄한자 A1집 3호

목수
나무를 다루어 집을 짓거나 기구를 만드는 일을 업으로 하는 사람

木:나무 목 手:손 수

기탄한자 A1집 3호

 목수

 황금

 토지

기탄한자 A1집 3호

토지
땅, 흙

土:흙 토 地:땅 지

기탄한자 A1집 3호

26a
金
쇠/성 금/김

26b
흙 토
土

木
나무 목

27a

木

29a

土

28a

金

31b

🧦 그림 **2** 에서 그림 **1** 과 다른 곳 5군데를 찾아 ◯ 하세요.

펴낸이 : 정지향
펴낸곳 : (주)기탄교육
기획·편집·디자인 : 기탄교육연구소
주소 : 06698 서울특별시 서초구 효령로 40 기탄출판센터
등록 : 제2000-000098호
전화 : (02) 586-1007
팩스 : (02) 586-2337

※서점에 갈 시간이 없거나 구하기 어려운 분은 인터넷 또는 전화로 신청하세요. 즉시 우송해 드립니다.
● www.gitan.co.kr

ⓒ (주)기탄교육 All rights reserved.
저작권자의 동의 없이 본 교재를 무단으로 복제하거나 전재하는 것을 금합니다.

카드로 놀아요

• 한자 카드 이렇게 놀아 주세요. ③

꼭꼭 밟아라

아이들은 적절한 율동이나 운율을 붙여 지도하면 좀 더 재미있게 학습할 수 있습니다.
엄마는 큰 소리로 한자의 뜻·소리를 말하고 아이는 활동으로 해당 한자를 찾아 가는 놀이입니다.

1 아이와 함께 모아 놓은 한자 카드를 아이의 보폭 정도의 간격으로 늘어 놓아요.

2 엄마가 불규칙하게 한자의 뜻·소리를 말해요.

3 엄마가 읽는 한자를 아이가 찾아서 한 발로 짚어요.

• 준비물 – 한자 카드

3호에서 배운 한자를 다시 한번 써 보세요.

木
나무 목

金
쇠/성 금/김

土
흙 토

호

기탄한자 A단계 1집 37a~48a

그림으로 익히고 놀이로 기억하는 입체 한자 학습 프로그램

기탄® 한자

A1집
4호

37a-48a

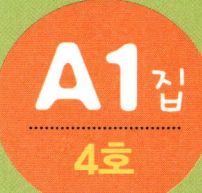

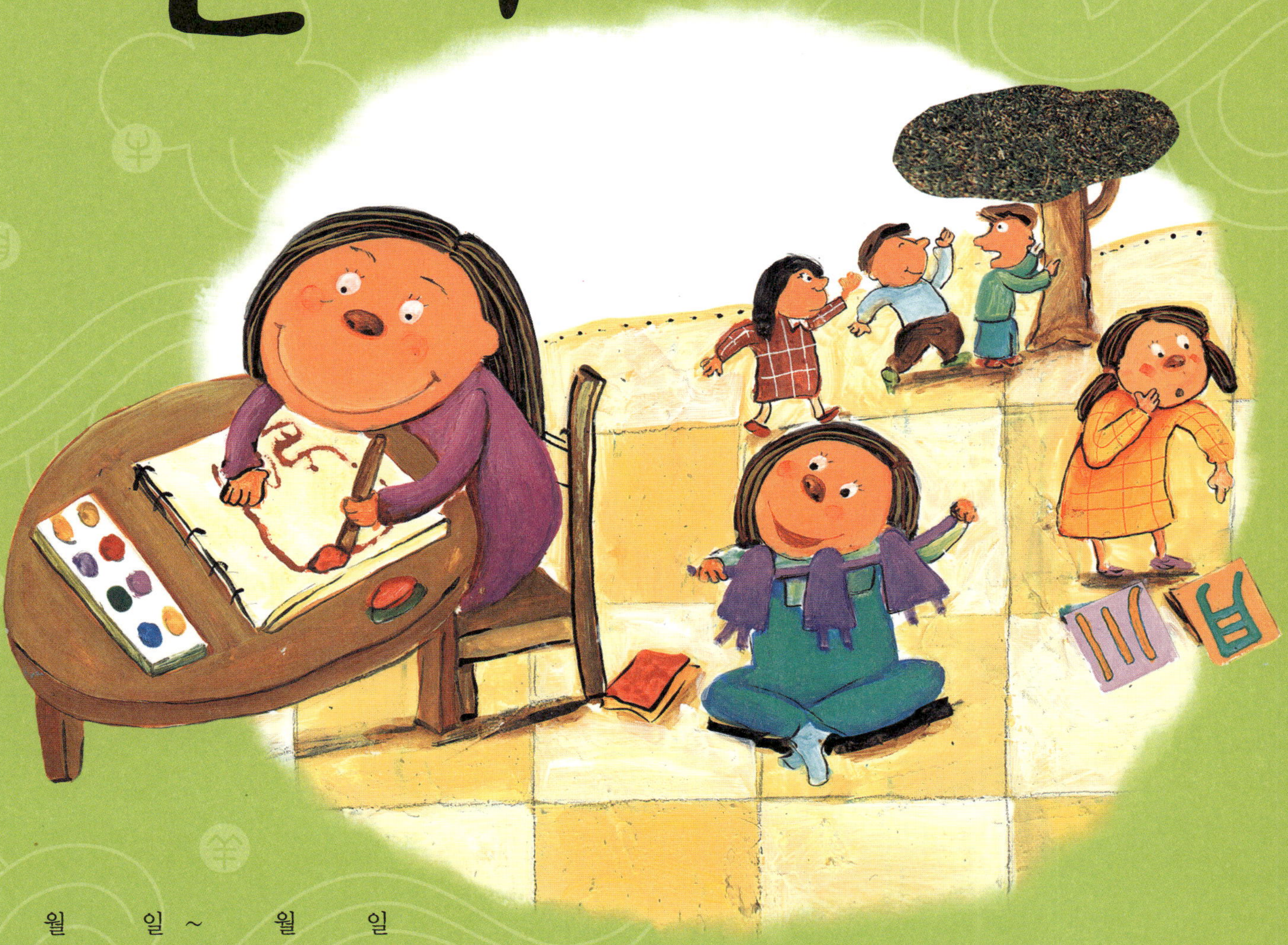

공부한 날	월	일 ~	월	일
		(원)교		반
이름		전화		

www.gitan.co.kr

기초 탄탄한 교육 · 기초 탄탄한 학습
기탄교육

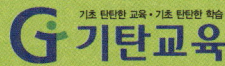

 **A단계**에서 배울 한자입니다.

A단계							
1집	山, 川, 日	2집	一, 二, 三	3집	十, 百, 千	4집	田, 石, 玉
	月, 火, 水		四, 五, 六		耳, 目, 口		力, 大, 小
	木, 金, 土		七, 八, 九		人, 手, 足		上, 中, 下
	복습		복습		복습		복습

※ 매주마다 학습한 한자를 누적하여 읽어 보세요.

학습진단 관리표

	훈음 읽기	훈음 쓰기	한자 쓰기	한자어 읽기	이번 주는?			
금주평가	Ⓐ 아주 잘함	Ⓐ 아주 잘함	Ⓐ 아주 잘함	Ⓐ 아주 잘함	● 학습방법	❶ 매일매일	❷ 가끔	❸ 한꺼번에 하였습니다.
	Ⓑ 잘함	Ⓑ 잘함	Ⓑ 잘함	Ⓑ 잘함	● 학습태도	❶ 스스로 잘	❷ 시켜서 억지로 하였습니다.	
	Ⓒ 보통	Ⓒ 보통	Ⓒ 보통	Ⓒ 보통	● 학습흥미	❶ 재미있게	❷ 싫증내며 하였습니다.	
	Ⓓ 노력해야 함	Ⓓ 노력해야 함	Ⓓ 노력해야 함	Ⓓ 노력해야 함	● 교재내용	❶ 적합하다고	❷ 어렵다고	❸ 쉽다고 하였습니다.

지도 교사가 부모님께   부모님이 지도 교사께

종합평가	Ⓐ 아주 잘함	Ⓑ 잘함	Ⓒ 보통	Ⓓ 노력해야 함

이번 주에는 **A1, A2, A3호**에서 배운 한자를 복습해요.

1일차 37a~38b
- A1집에서 배운 9자의 뜻, 소리를 읽어 봅니다.
- 1호에서 학습한 山, 川, 日의 뜻, 소리, 한자어, 자원을 복습합니다.
- 한자 모형 놀이로 아이와 함께 놀아 줍니다.

2일차 39a~40a
- 2호에서 학습한 月, 火, 水의 뜻, 소리, 한자어를 복습합니다.
- 뜻, 소리 학습이 원활할 때는 쓰기 연습을 위주로 지도합니다.

3일차 40b~41b
- 3호에서 학습한 木, 金, 土의 뜻, 소리, 한자어를 복습합니다.
- 金의 두 가지 뜻, 소리를 어려워하는 경우에는 '쇠 금'만을 익혀도 무방합니다.

4일차 42a~44b
- 한자를 동화, 블록 찾기 등을 활용해서 기억하도록 합니다.
- 요일관련 한자를 배웠으므로 달력에서 엄마와 함께 한자를 찾아 봅니다. • 7세 미만의 학습자는 한자의 뜻을 위주로 지도합니다.

5일차 45a~48a
- 앞서 배운 한자를 정리하고, 형성평가를 통해 점검합니다.
- 형성평가 결과 높은 점수일 때는 칭찬을 충분히 해주시고, 낮은 점수가 나오더라도 꾸중이나 체벌 등은 금물입니다.

복습해요

🔊 한자의 뜻과 소리를 말해 보세요.

 山

 川

 日

 月

 火

 水

 木

 金

 土

● A1집 1호, 2호, 3호에서 배운 한자의 뜻과 소리를 복습합니다. 모르는 한자는 한자 카드에서 뜻과 소리를 확인하도록 합니다.

한 번 더! 山 川 日

무엇을 배웠나요? 스티커를 붙이고 알맞게 쓰세요.

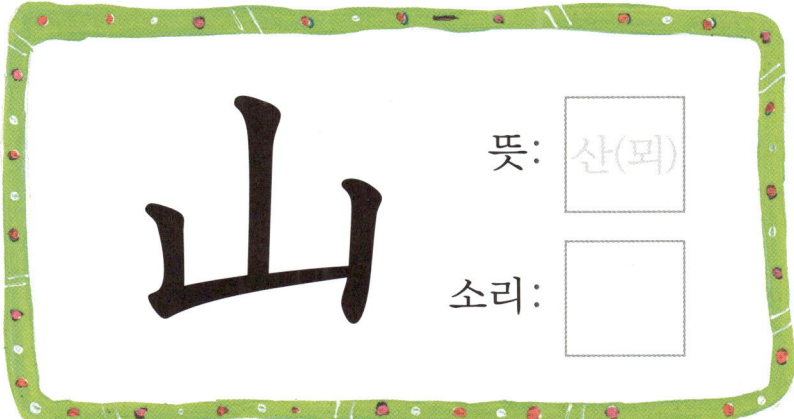

뜻: 산(뫼)
소리:

뜻:
소리: 천

뜻:
소리:

• A1집 1호에서 배운 한자를 복습합니다.

訓 자원을 따라 길을 찾아가세요.

• 山, 川, 日의 자원을 길찾기를 통해 각각 복습합니다.

그림에 알맞은 한자어를 〈보기〉에서 찾아 쓰세요.

| 강산 |  일월 | 산천 |

| 하천 |  등산 |  일기 |

〈보기〉 강산   산천   하천   등산   日기   日월

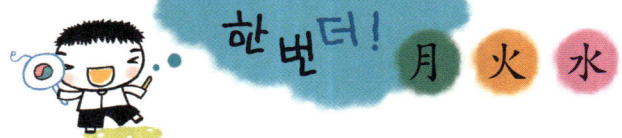

📝 무엇을 배웠나요? 스티커를 붙이고 알맞게 쓰세요.

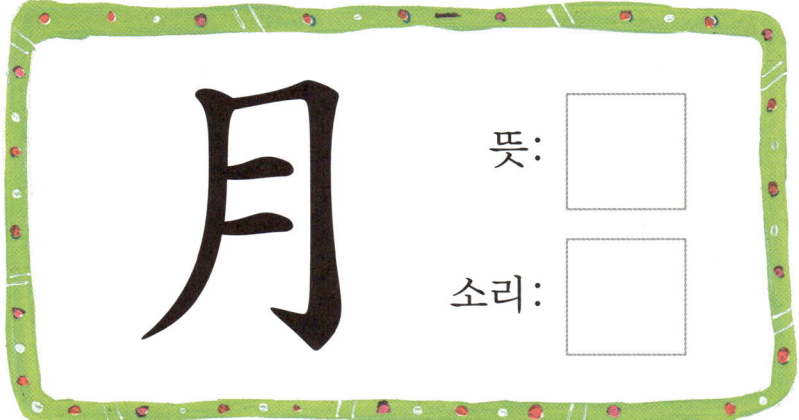

月 뜻: ☐ 소리: ☐

火 뜻: ☐ 소리: ☐

水 뜻: ☐ 소리: ☐

● A1집 2호에서 배운 한자를 복습합니다.

알맞은 뜻과 소리를 따라 길을 찾아가세요.

• 한자 ➜ 뜻 ➜ 소리 순으로 길을 찾아갑니다.

📄 무엇을 배웠나요? 스티커를 붙이고 알맞게 쓰세요.

| 木 | 뜻: ☐
 소리: ☐ |

| 金 | 뜻: ☐
 소리: ☐ |

| 土 | 뜻: ☐
 소리: ☐ |

● A1집 3호에서 배운 한자를 복습합니다.

기탄한자 **A1-40b**

알맞은 뜻과 소리를 따라 길을 찾아가세요.

● 한자 ➡ 뜻 ➡ 소리의 순으로 길을 찾아갑니다.

📝 그림에 알맞은 한자어를 〈보기〉에서 찾아 쓰세요.

〈보기〉   木수   金구   국土   황金   식木일   土지

🖍 동화를 읽고 빈 칸에 알맞은 한자를 쓰세요.

나의 생활

山
日
月
火

월 | 月 | 요일에는 그림을 그리고요,

화 | ☐ | 요일에는 친구들과 놀아요.

수 | ☐ | 요일에는 종이접기를 하고요,

목 | ☐ | 요일에는 한자 공부를 해요.

● 지금까지 배운 한자를 동화 문장 속에 적용하는 연습을 합니다.

A1-42a 기탄한자

금 金 요일에는 피아노를 치고요,

토 ☐ 요일에는 컴퓨터 게임을 해요.

모두 모두 재미있지만

나는 하루 종일 놀 수 있는 일 ☐ 요일이 제일 좋아요.

土 木 金 水

다지기

알맞게 연결하세요.

山	 🏔️	화
月	 🔥	월
日	 ⛰️✨	일
火	 🌙	금
金	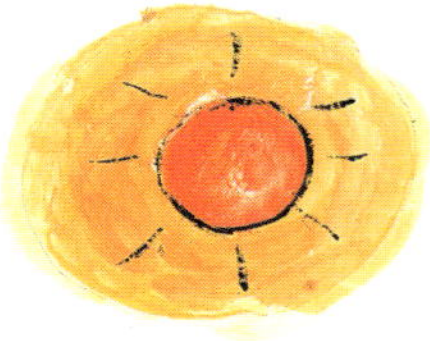 ☀️	산
土	 🟫🌱	토

• 金의 뜻과 소리는 '쇠 금'으로만 적용하여 풀이합니다.

한자와 뜻・소리가 바른 것을 찾아 모두 ◯ 하세요.

• 한자와 뜻 소리가 바르지 않은 것은 바르게 고쳐 보도록 합니다.

빈 칸에 알맞은 뜻과 소리를 쓰세요.

마무리하기

📝 빈 칸에 뜻과 소리를 쓰고 필순에 맞게 한자를 쓰세요.

 山	山		
산(뫼) 산	ㅣ 凵 山		
 川	川		
	㇓ 丿丨 川		
 日	日		
	ㅣ 冂 日 日		

• A1집에서 배운 9자의 뜻, 소리, 필순을 정리합니다.

빈 칸에 뜻과 소리를 쓰고 필순에 맞게 한자를 쓰세요.

빈 칸에 뜻과 소리를 쓰고 필순에 맞게 한자를 쓰세요.

木
一十才木

金
ノ 人 人 今 今 余 金 金

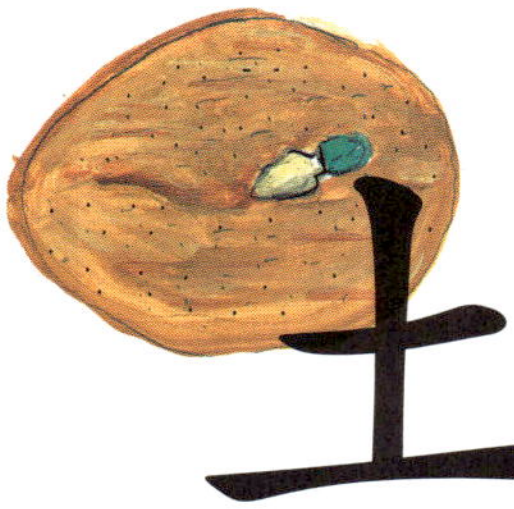

土
一 十 土

얼마나 알고 있나요?

평가일	년 월 일	
소 요 시 간	시 분 ~ 시 분	
평 가 결 과	21~27문항	아주 잘 했어요. A2집 5호를 학습하세요.
	11~20문항	틀린 한자를 다시 익혀요.
	10문항 이하	A1집을 복습해요.

● 한자의 뜻과 소리를 쓰세요.

1.
   뜻:　　　소리:

2. 山
   뜻:　　　소리:

3.
   뜻:　　　소리:

4.
   뜻:　　　소리:

5.
   뜻:　　　소리:

6.
   뜻:　　　소리:

7.
   뜻:　　　소리:

8. 土
   뜻:　　　소리:

9.
   뜻:　　　소리:

● 선을 따라 잘라서 풀어 보세요.

● 빈 칸에 알맞은 한자를 쓰세요.

10.
쇠/성 금/김

11.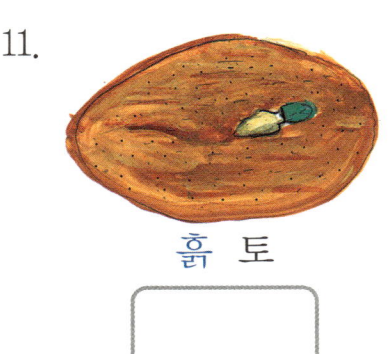
흙 토

12.
물 수

13.
산(뫼) 산

14.
날(해) 일

15.
나무 목

16.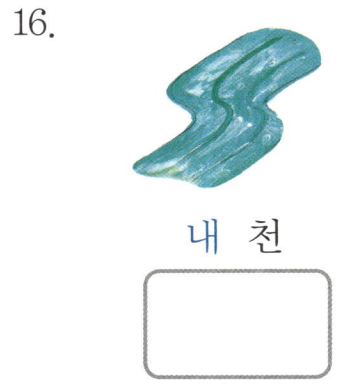
내 천

17.
달 월

18.
불 화

山　川　月　日　火　金　土　水　木

● 빈 칸에 알맞은 한자를 쓰세요.

19.  등산
등 |

20.  산천
산 |

21.  일기
 | 기

22.  반월
반 |

23.  목수
 | 수

24.  토지
 | 지

25.  화산
 | 산

26.  황금
황 |

27.  수영장
 | 영 | 장

| 山 | 日 | 川 | 月 | 水 | 木 | 火 | 金 | 土 |

해답

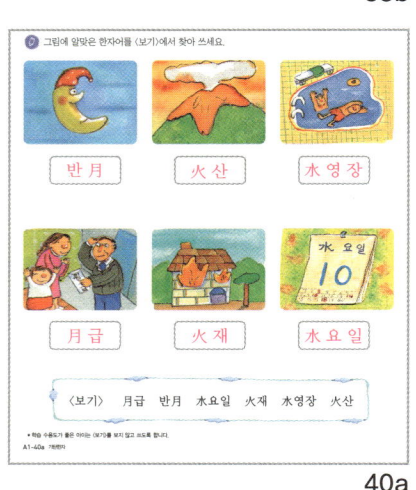

기탄한자 A1집 부교재 한자 모형 놀이1

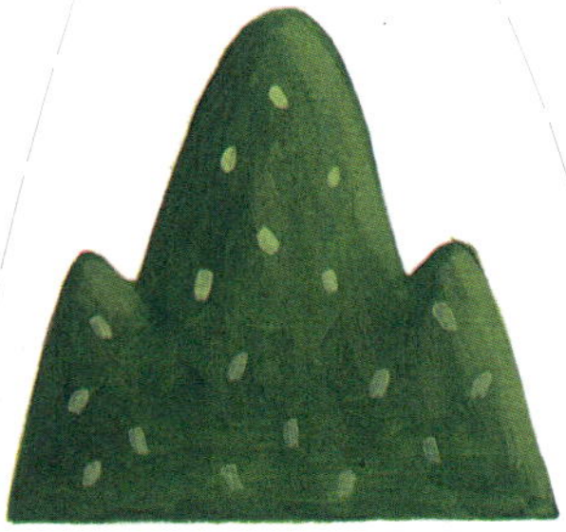

산(뫼) 산

내 천

날(해) 일

달 월

불 화

풀칠하는 곳

● A1집 4호 간지에 실린 한자 모형 놀이 방법을 활용해서 아이와 함께 놀아 주세요.

기탄한자 A1집 부교재 　한자 모형 놀이2

 풀칠하는 곳

물 수

나무 목

쇠/성 금/김

흙 토

● A1집 4호 간지에 실린 한자 모형 놀이 방법을 활용해서 아이와 함께 놀아 주세요.

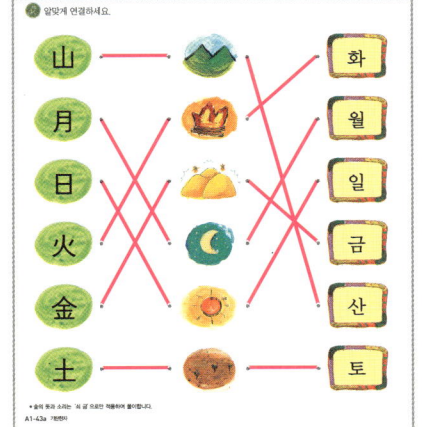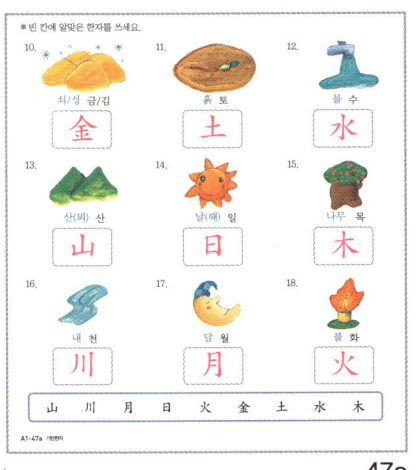

펴낸이 : 정지향
펴낸곳 : (주)기탄교육
기획·편집·디자인 : 기탄교육연구소
주소 : 06698 서울특별시 서초구 효령로 40 기탄출판센터
등록 : 제2000-000098호
전화 : (02)586-1007
팩스 : (02)586-2337

※ 서점에 갈 시간이 없거나 구하기 어려운 분은 인터넷 또는 전화로 신청하세요. 즉시 우송해 드립니다.
● www.gitan.co.kr

ⓒ (주)기탄교육 All rights reserved.
저작권자의 동의 없이 본 교재를 무단으로 복제하거나 전재하는 것을 금합니다.

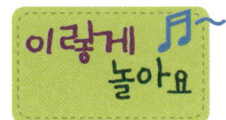

한자 모형 놀이

아이들은 구체적인 모양과 관련시킬 때 문자를 쉽게 받아들입니다.
한자 모형 놀이는 한자를 구체적인 형상으로 만들어서 아이가 쉽게 받아들일 수 있도록 만든 놀잇감입니다.
A1집에서 배운 9자의 한자를 모두 모형으로 만들어서 아이와 함께 놀아 주세요.

● 입김불기 놀이

1 한자가 보이게 모형을 늘어놓아요.

2 엄마가 뜻·소리를 말해요.

3 아이가 해당 한자를 찾아 입김을 불어 넘어뜨려요.

● 우리 집에 왜 왔니? 놀이

1 아이가 "우리 집에 왜 왔니?" 노래를 불러요.

2 엄마가 "뫼 산 찾으러 왔단다." 하고 대꾸를 해요.

3 아이가 해당 한자를 찾아 앞으로 빼어 놓아요.

● 한자 출석 놀이

1 엄마랑 아이랑 가위바위보를 해서 선생님과 아이를 정해요.

2 선생님이 "불 화", "뫼 산", "달 월"하고 출석을 확인하듯 뜻·소리를 말해요.

3 학생이 "네"하고 대답하며 부르는 순서대로 모형을 세워요.

• 제시된 놀이 방법 이외에도 재미있는 방법으로 익히도록 합니다.

기획·편집·디자인 기탄교육연구소
주소 06698 서울특별시 서초구 효령로 40 기탄출판센터 | **전화** (02) 586-1007 | **팩스** (02) 586-2337
ⓒ (주)기탄교육 All rights reserved. 본 교재의 저작에 관한 모든 권리는 (주)기탄교육에 있습니다. 저작권자의 동의 없이 본 교재를 무단으로 복제하거나 전재하는 것을 금합니다.